Thomas Voigt

ROCKY
DER RENNFAHRER

ventus F200
Top-notch performance slick tyre with consistency and high mileage on dry

ventus TD
Semi-slick tire for the best continuous performance

ventus Z209
Splendid performance tarmac rally tire for superiortraction on dry or damp road surface

Europe Regional Headquarters Siemens Strasse 5A, 63263 Neu-Isenburg, Germany

BE ONE WITH IT

Congratulations to the 2013 DTM Champion
Mike Rockenfeller

hankooktire.com/global

FACT SHEET
MIKE ROCKENFELLER
DTM-CHAMPION 2013

🌐 mike-rockenfeller.de   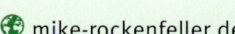 mikerockenfeller   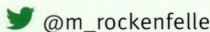 @m_rockenfeller

Unser schnellster Markenbotschafter

7 Triumphe in 15 Jahren – „Rocky", der Erfolgstyp. Zahlen und Fakten vom DTM-Champion

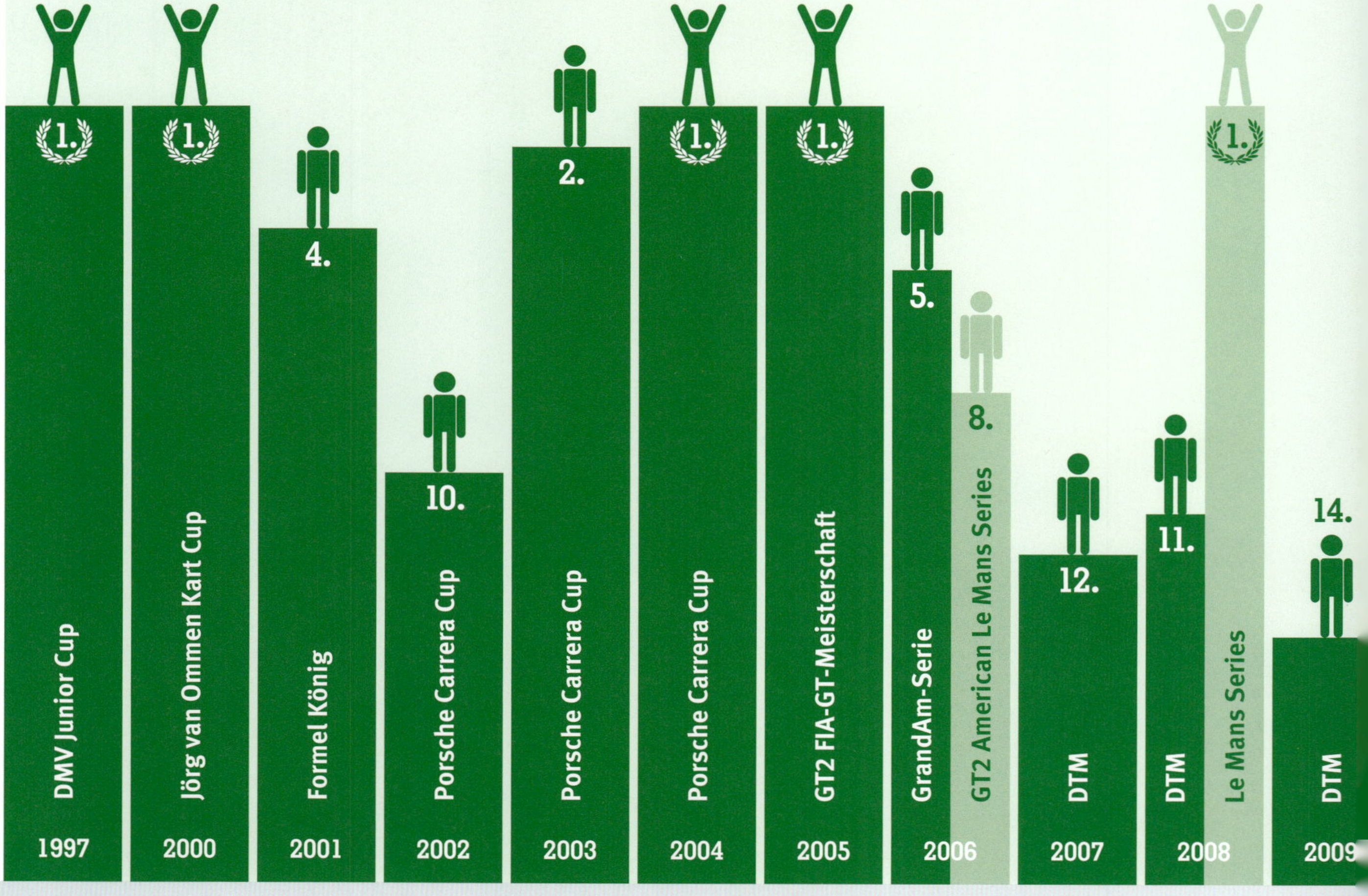

Jahr	Serie	Platz
1997	DMV Junior Cup	1.
2000	Jörg van Ommen Kart Cup	1.
2001	Formel König	4.
2002	Porsche Carrera Cup	10.
2003	Porsche Carrera Cup	2.
2004	Porsche Carrera Cup	1.
2005	GT2 FIA-GT-Meisterschaft	1.
2006	GrandAm-Serie	5.
2006	GT2 American Le Mans Series	8.
2007	DTM	12.
2008	DTM	11.
2008	Le Mans Series	1.
2009	DTM	14.

AKTUELLE MOTORSPORT-HIGHLIGHTS VON SCHAEFFLER

DTM Zwei Titel in drei Jahren

Seit 2011 ist der Schaeffler-Audi in der DTM unterwegs, bereits im Premierenjahr fährt der gelb-grüne Erfolgsbolide – damals mit Martin Tomczyk am Steuer – zum Titel. 2013 wiederholt Mike Rockenfeller diesen Triumph im SCHAEFFLER Audi RS 5 DTM. Rockenfeller: „Jetzt wollen wir diese Erfolgsgeschichte 2014 fortschreiben."

WEC Eine neue Ära beginnt

Eine Legende kehrt zurück – und Schaeffler ist dabei. Erstmals seit dem 16. Le-Mans-Sieg im Jahr 1998 startet Porsche 2014 in der Top-Kategorie des französischen 24-Stunden-Klassikers. Und darüber hinaus mit dem neu entwickelten LMP1-Sportwagen 919 Hybrid auch bei den weiteren sieben Rennen zur FIA-Langstrecken-Weltmeisterschaft WEC.

TITELVERTEIDIGER
SCHAEFFLER Audi RS 5 DTM
Modelljahr 2014

SCHAEFFLER

Seit 2007 …
… ist Mike Rockenfeller mit Schaeffler unterwegs

Der Spitzname ist kein Programm. „Rocky" liebt Fußball und viele andere Sportarten. Aber er boxt nicht

6.015 Kurven musste er mit seinem SCHAEFFLER Audi RS 5 DTM in den Rennen 2013 fahren, ehe er endlich den Pokal in den Händen hielt. Die Mehrzahl davon ging rechtsherum

2.714
3.301

30,525 Kilogramm Champagner durfte „Rocky" für 2 Siege und 3 zweite Plätze stemmen. Flüssiger Inhalt: 15 Liter

Mister 100% Als einer von nur zwei DTM-Piloten 2013 überhaupt absolvierte er alle Rennrunden

Hinter Mike stehen …

79.000 Schaeffler-Mitarbeiter an
170 Standorten in
49 Ländern

- 1. (24 Stunden von Le Mans 2010)
- 6. DTM 2011
- 4. DTM 2012
- 1. DTM 2013 CHAMPION

172 Runden hatte Mike Rockenfeller als Führender freie Sicht nach vorn

44 Plätze aufgeholt: In 7 der 10 Rennen 2013 stürmte „Rocky" durch das Feld. Bei zweien war das gar nicht nötig, da gewann er direkt von der Pole-Position

STECKBRIEF

Geburtsdatum	31. Oktober 1983
Geburtsort	Neuwied (D)
Wohnort	Landschlacht (CH)
Familienstand	ledig (Partnerin Susanne)
Größe/Gewicht	1,75 m/68 kg
Motorsport seit	1995 (Audi-Fahrer seit 2007)

BAJA Auf die ganz harte Tour
Die Offroad-Rennen in der Baja California und den Wüsten der USA sind eine Herausforderung für Mensch und Material. Als Sponsor und Zulieferer verschiedener Bauteile für das All German Motorsport Team unterstützt Schaeffler Armin Schwarz im 750 PS starken AGM-Jimco X6 SCORE Trophy Truck in der legendären Offroad-Serie.

TRACTOR PULLING PS-Giganten
Die bis zu 8.000 PS starken Zugmaschinen ziehen ein Bremsgewicht idealerweise zu einem „Full Pull" (100-Meter-Distanz). Klar, dass bei dieser Motorsport-Disziplin besonders die Kupplung im Grenzbereich arbeitet. Internationale Tractor-Pulling-Teams setzen auf die Unterstützung von Schaeffler Automotive Aftermarket.

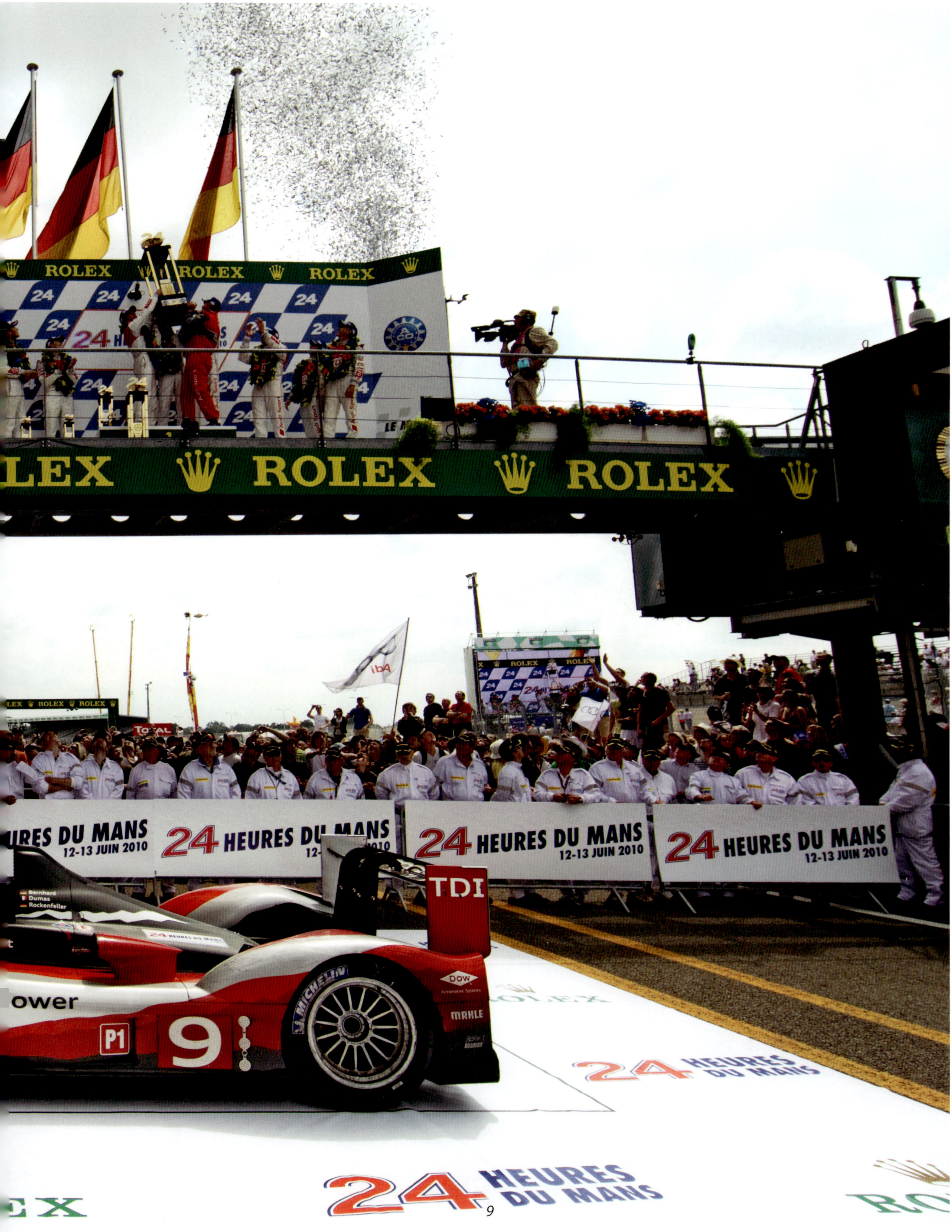
ROLEX
24 HEURES DU MANS
12-13 JUIN 2010
TDI
MICHELIN
DOW
MAHLE
P1
9

Vorwort

Es ist kein Geheimnis, dass mein Herz für den Motorsport schlägt. Ich fiebere bei jedem DTM- und WEC-Rennen mit und setze mich auch selbst gerne ans Steuer eines unserer Rennautos. Aber viel wichtiger ist, dass Motorsport zur DNA von Audi gehört und einen ganz wesentlichen Anteil daran hat, dass wir „Vorsprung durch Technik" auf der Rennstrecke immer wieder neu aufladen können.

Eine besondere Verantwortung tragen dabei unsere Rennfahrer. Sie sind in einer großen Mannschaft das letzte Glied in einer langen Kette. Ein kleiner Fehler kann die Arbeit von Monaten zunichtemachen. Einer, auf den wir uns fast immer verlassen können, ist Mike Rockenfeller, unser neuer DTM-Champion.

Mit Zielstrebigkeit, Fleiß und beispielloser Unterstützung seiner Familie hat „Rocky" den Weg an die Spitze geschafft – und ist dabei immer er selbst geblieben. Mit seiner smarten, zurückhaltenden und authentischen Art ist er ein Vorbild für viele junge Menschen. Und wir sind stolz darauf, dass er ein Audianer ist!

Als echte Motorsportfans versuchen meine Vorstandskollegen und ich möglichst oft, selbst zu den Rennen zu kommen. Wir durften Mike Rockenfellers bisher größten Triumphe – den Sieg in Le Mans 2010 und den DTM-Titel 2013 – hautnah miterleben, aber auch seinen schweren Unfall in Le Mans 2011. Die Minuten der Ungewissheit waren damals für alle schrecklich. Zum Glück ist alles gut ausgegangen – auch weil wir bei Audi das Thema Sicherheit so ernst nehmen, sei es bei der Entwicklung unserer Serienautomobile oder im Rennsport.

Der Wettstreit auf der Rundstrecke bedeutet: Ringen um die beste Technologie, die beste Fahrtechnik und letztlich sportlichen Ehrgeiz – und das trägt die Marke Audi in ihren Genen. Das ist es, was uns immer wieder zu neuer Höchstleistung anspornt und den „Vorsprung durch Technik" befeuert. Mike Rockenfeller hat diesen Spirit im Blut – er ist der perfekte Markenbotschafter für die Vier Ringe!

Ich wünsche viel Spaß bei der Lektüre seiner eindrucksvollen Biografie und bin überzeugt, dass „Rocky" gemeinsam mit Audi noch viel Stoff für weitere Kapitel seiner Erfolgsgeschichte liefern wird.

Herzlichst

Prof. Dr.-Ing. Ulrich Hackenberg
Mitglied des Vorstands der AUDI AG
für Technische Entwicklung

Inhalt

 Endlich am Ziel — 18

 Mensch Rocky — 26

 Back to the roots — 34

 Familienbetrieb — 40

 Königskind — 46

 Wie ein Sechser im Lotto — 50

 Le Mans mon amour — 60

 Global Player — 64

 Von wegen Hölle — 74

 Verbotene Liebe — 80

 Ein großer Schritt — 82

 Champions League — 86

 Harte Zeiten *90*	 Ein Traum wird wahr *116*	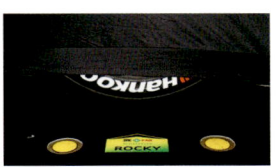 Runde Sache *160*
 Bittere Erfahrung *100*	 Horror vor Mitternacht *132*	 Unter Freunden *164*
 Zweite Chance *108*	 Auf Erfolgskurs *144*	 Qual der Wahl *168*

Vorwort *14*
Statistik *170*
Fotos *174*
Impressum *176*

Endlich *am Ziel*

Mike Rockenfeller musste für den Durchbruch in der DTM lange und hart arbeiten. Im keineswegs verflixten siebten Jahr gelang ihm 2013 der ersehnte Titelgewinn – auf einer Rennstrecke, auf der „Rocky" zwei Jahre zuvor auch seinen ersten Sieg bei einem DTM-Rennen gefeiert hatte: Zandvoort.

▶ Zandvoort, 29. September 2013: endlich DTM-Champion nach sieben zum Teil extrem harten Jahren

„Ich hätte nie gedacht, dass es bis zu diesem Moment so lange dauert."

Mike Rockenfeller

„Es war toll, dass mein Vater in Zandvoort dabei war und Susi spontan zur Party eingeflogen ist."

Mike Rockenfeller

▲ Einer der ersten Gratulanten: Dr. Wolfgang Ullrich

▲ Papa Helmut freut sich mit dem Team

▲ Da tanzen sogar die Chefs: Dr. Wolfgang Ullrich und Ernst Moser feiern ausgelassen

▲ Eingeflogen aus der Schweiz: Freundin Susanne

▼ So sehen Sieger aus: „Rocky" mit Meister-T-Shirt und Zigarre

▲ Nach dem Finale in Hockenheim: offiziell die neue Nummer 1

▲ Mit Teamchef Ernst Moser bei der Meisterfeier am Nürburgring

▲ Mit Dieter Gass, Dr. Wolfgang Ullrich, Gastronom Hugo und Jürgen Pippig dort, wo die Saison 2013 endete: im In-Restaurant H'ugo's in München

> *„Ich hatte nur zwei Optionen: das Auto abwürgen oder loslassen. Ich habe instinktiv gehandelt."*
>
> *Mike Rockenfeller*

Zandvoort, 29. September 2013. Auf diesen Tag hatte Mike Rockenfeller lange gewartet. Sehr lange. Endlich war die Chance da, DTM-Champion zu werden. Im siebten Jahr bei Audi, nach so vielen Enttäuschungen und Rückschlägen. Die ersten acht Rennen der Saison 2013 bildeten das Fundament dafür: immer in den Punkterängen, zwei Siege, viermal auf dem Podium, 33 Punkte Vorsprung auf den letzten verbliebenen Gegner, BMW-Pilot Augusto Farfus. Doch ausgerechnet der Brasilianer präsentierte sich in Zandvoort in bestechender Form. Farfus holte souverän die Pole-Position, Rockenfellers Qualifying verlief dagegen eher holprig. Er musste hart dafür kämpfen, um überhaupt in die Runde der besten vier zu kommen.

Startplatz drei. Nicht schlecht, aber nicht gut genug. Es war abzusehen, dass Farfus im Rennen unter normalen Umständen nicht zu schlagen sein würde. Somit wuchs der Druck auf Rockenfeller. Um den Sack schon in Zandvoort zumachen zu können, musste er hinter Farfus mindestens Zweiter werden. Die Titelentscheidung auf das letzte Rennen in Hockenheim zu vertagen, wollte bei Audi und im Team Phoenix niemand riskieren. Ein Finale in der DTM ist auch immer etwas wie eine Lotterie.

Es musste einfach klappen an diesem Sonntag. Das Auto fühlte sich gut an. Gemeinsam mit Teamchef Ernst Moser und seinem Renningenieur Jürgen Jungklaus hatte er, wie sich bei der Veröffentlichung der offiziellen Liste zeigte, die richtige Reifenwahl getroffen: Farfus und Rockenfeller starteten beide mit den schnelleren Hankook-Optionsreifen, mit denen „Rocky" schon das ganze Jahr über so gut zurechtgekommen war. BMW-Pilot Marco Wittmann, der sich im Qualifying zwischen die beiden Titelaspiranten geschoben hatte, fuhr dagegen auf den härteren Standardreifen los. Damit war klar, dass Wittmann für Rockenfeller in den ersten Runden ziemlich leichte Beute sein würde – vorausgesetzt, der BMW-Fahrer spielte fair und Rockenfeller gelang ein guter Start. So wie fast immer in der Saison 2013.

Im Qualifying war ich nervös, am Renntag aber null komma null. Auch nicht beim Start. Es gibt Rennen, da bin ich etwas unruhiger, bei anderen total relaxed. Das war in Zandvoort der Fall. Ich bin nach der Einführungsrunde ganz entspannt auf meinen Startplatz gefahren. Mein Ziel war es, den Wittmann direkt zu knacken. Ich habe mich auf den Start vorbereitet wie immer. Doch die Ampel blieb ungewöhnlich lange rot. Meine Kupplung war beim Vorspannen schon ziemlich am Anschlag und ich hatte nur zwei Optionen: das Auto abwürgen oder loslassen. In so einem Moment handelst du instinktiv. Und instinktiv habe ich losgelassen, ohne auf die Ampel zu warten – und gehofft, dass sie im richtigen Moment ausgeht. Fakt ist: Ich fuhr los und die Ampel ging aus. Es war Megaglück.

Wie sich später herausstellte, hatte Rockenfeller quasi den perfekten Start mit null Reaktionszeit. *Aber ich war so viel früher dran als die anderen, die normal gestartet sind, dass ich selbst an einen Frühstart geglaubt habe. Ich habe instinktiv gelupft – aber auch nur aus Instinkt, denn das Lupfen bringt ja nichts mehr: zu früh ist zu früh. Hätte ich nicht gezuckt, hätte ich den Wittmann gleich gepackt und den Farfus vielleicht auch noch.*

Fest im Glauben, mit einem Frühstart alles verspielt zu haben, fuhr Rockenfeller im dritten statt im zweiten Gang durch die erste Kurve. Deshalb dauerte es etwas länger, bis er endlich an Wittmanns BMW vorbei war.

Ich bin die ersten zwei, drei Runden wie in Trance gefahren und war mit dem Kopf noch immer beim Start. Ich hab nur gedacht: Das kann doch jetzt nicht wahr sein, das ist nicht wirklich passiert. Irgendwann habe ich über Funk gefragt: ‚Radiocheck, alles okay?' Da kam von Jürgen (Jungklaus) die Antwort: ‚Wir sind under investigation.' Ich dachte: Okay, jetzt dauert es noch ein oder zwei

Runden, dann kommt die Drive-through. Doch kurze Zeit später hieß es: ‚no further action'. Puh, war ich erleichtert!

Ab diesem Moment fuhr Rockenfeller auf Titelkurs. Er schloss schnell zu Farfus an der Spitze auf und hätte den Brasilianer attackiert, wäre dieser nicht an die Box abgebogen, um von Options- auf Standardreifen zu wechseln. Das Phoenix-Team musste reagieren und holte „Rocky" ebenfalls an die Box. Mit den Standardreifen war er gegen Farfus chancenlos, doch Verfolger Wittmann war noch langsamer und fiel hinter Audi-Kollege Timo Scheider zurück. Der schirmte Rockenfeller bis ins Ziel nach hinten ab. Nun ging es nur noch darum, den zweiten Platz und damit den Titel nach Hause zu fahren.

In solchen Situationen wird ein Rennen unheimlich lang. In Le Mans hörst du in der letzten halben Stunde plötzlich Dinge im Auto, die dich vorher nicht gestört haben. Du hörst überallhin und denkst, da ist was. Das war auch in Zandvoort so. Gefühlt wurden die Runden einfach nicht weniger. Doch dann hatten wir es geschafft. Und als ich über die Ziellinie gefahren bin, das war einer der wenigen Momente in meiner Karriere, die im Cockpit so richtig emotional waren. Ich bin ja sonst eher nüchtern und abgeklärt. Aber in diesem Augenblick kam dann relativ schnell all das hoch, was ich in den Jahren zuvor durchgemacht hatte – all den Dreck, den ich in der DTM fressen musste, um das endlich zu schaffen.

Das hat sich richtig gut angefühlt und war eine echte Genugtuung. Und das ausgerechnet in Zandvoort, wo ich im Jahr zuvor ein bitteres Erlebnis hatte.

Papa Helmut erlebte den Triumph seines Sohnes an der Box des Phoenix-Teams mit, Mama Anne daheim in Neuwied vor dem Fernseher. Auch „Rockys" Lebensgefährtin war beim Rennen nicht dabei. Sie saß wie üblich zu Hause am Bodensee vor dem TV, buchte sich aber spontan einen Flug von Zürich nach Amsterdam, um bei der abendlichen Party in Zandvoort dabei sein zu können.

Es war richtig schön, dass sie da war – und auch mein Vater. Die Party in Zandvoort war im Nachhinein betrachtet die beste aller Meisterfeiern, weil sie spontan, emotional, glücklich und ehrlich war. Martin Tomczyk und andere Piloten kamen zum Gratulieren. Auch meine Chefs haben ausgelassen gefeiert. Susi und ich sind bis zwei Uhr geblieben und dann ins Hotel. Den Tag werde ich nie vergessen.

Vielleicht nicht nur den Tag … Denn nur wenige Wochen später konnte Susanne Schaller ihrem „Rocky" verraten: „Wir bekommen Nachwuchs!" Für den Familienmenschen Mike Rockenfeller eine weitere wunderbare Nachricht am Ende einer fantastischen Saison.

▼ *Ein tolles Gefühl: das erste Rennen als DTM-Champion, Ende Oktober 2013 in Hockenheim*

Mensch Rocky

Rennfahrer sind Machos, wechseln die Freundinnen wie ihre Hemden und feiern permanent Partys? Auf Mike Rockenfeller passte diese Beschreibung noch nie. Er gilt als ruhig und zurückhaltend, geht selten feiern und lebt mit seiner Jugendliebe zusammen. Einziger Luxus ist ein schönes Haus auf der Schweizer Seite des Bodensees.

Nach dem Gewinn des DTM-Titels in Zandvoort begann für Mike Rockenfeller der übliche PR-Marathon, den jeder DTM-Champion kennt: Interviews, Redaktionsbesuche, Ehrungen und Feiern am laufenden Band. Nicht unbedingt der Teil im Berufsbild des Profi-Rennfahrer-Jobs, den „Rocky" liebt. Und trotzdem eine Bestätigung dafür, dass man etwas ganz Besonderes erreicht hat. Die Anerkennung einer außergewöhnlichen Leistung, die man vielleicht nur einmal im Leben schafft. Für die man lange und hart gearbeitet hat und dabei immer wieder Rückschläge einstecken musste. Genau wie Sylvester Stallone im Kinofilm hat sich auch dieser „Rocky" immer wieder durchgebissen.

Bei Mike Rockenfeller lagen sieben Jahre zwischen dem Debüt in der DTM und dem ersehnten Titelgewinn. Dabei war er Ende 2006 mit dem Ziel von Porsche zu Audi gewechselt, die wichtigste Rennserie Deutschlands im Sturm zu erobern. Dass es so lange dauerte, nagte an ihm. In den ersten Jahren, als er sich mit unterlegenem Material herumschlagen musste, kam er oft deprimiert, frustriert und voller Selbstzweifel von den DTM-Rennen nach Hause. Dort war es sein persönlicher Sonnenschein, der ihn immer wieder aufhellte: seine Jugendliebe.

Nicht nur in der Welt des Profisports sind Mike Rockenfeller und Susanne Schaller ein außergewöhnliches Paar. Susi war „Rockys" erste große Liebe. Und sie ist es noch immer – inzwischen seit mehr als zehn Jahren. Wilde Partys, Boxenluder, Frauengeschichten, wie man sie von anderen Rennfahrern kennt? Nicht das Ding von Mike Rockenfeller, der trotz aller Erfolge immer bescheiden, zurückhaltend und bodenständig geblieben ist.

„Rocky" war Anfang 20 und gerade Porsche-Junior geworden, als sich die beiden im Bootshaus in Neuwied kennenlernten. Susis Freundin war an Mikes Freund interessiert, aber gefunkt hat es zwischen Susi und Mike. Zufälle, wie sie auf der Welt jeden Tag immer wieder geschehen. Man kann es Schicksal nennen oder Vorbestimmung.

Susanne Schaller, dreieinhalb Jahre jünger als Mike, war damals also noch nicht einmal volljährig und ging noch auf das Gymnasium. Langes, wallendes Haar, ein bildhübsches junges Mädchen aus einem benachbarten Ortsteil von Neuwied, keine drei Kilometer von Mikes Elternhaus in Niederbieber entfernt. Rockenfeller, in Sachen Mädchen, Disco und Alkohol eher ein Spätzünder, verliebte sich sofort. Und auch Susi fand den smarten jungen Mann unterhaltsam und sympathisch.

Irgendwann erzählte Mike ihr, dass er bei Porsche wäre und Rennen fahren würde. Das sagte der jungen Dame nichts. Ihr Vater sah zwar gerne Formel 1 im Fernsehen, aber mehr hatte die Familie Schaller mit dem Motorsport nicht am Hut. Kurze Zeit später rief „Rocky" sie an und lud sie zum Porsche-Carrera-Cup-Rennen auf dem nahe gelegenen Nürburgring ein. „Ich wusste überhaupt nicht, was mich dort erwartet, entsprechend aufgeregt war ich", erinnert sich Susanne. „Mir war das zwar nicht wirklich wichtig. Aber es war durchaus interessant – und natürlich ist der Motorsport heute unser Leben und auch zu Hause ständig ein Thema. Ich verfolge alles, was Mike macht, mit großem Interesse."

Susanne und ich haben uns kennengelernt, als ich noch kein bekannter Rennfahrer war. Ich stand ja erst am Anfang meiner Karriere und ihr war der Motorsport völlig egal. Sie war an mir

▼ *Schöner wohnen: Modern und reduziert ist der Stil der jungen Familie Rockenfeller*

▼ *Wahlheimat Schweiz: „Rocky" und seine Susi leben in Landschlacht am Bodensee*

Stolzer Hausherr: „Rocky" am Eingang seiner Villa am Bodensee

► *Stolzer Vater: Helmut Rockenfeller beobachtet in Zandvoort die Fahrt seines Sohnes zum DTM-Titel*

interessiert, nicht am Rennfahrer Mike Rockenfeller. Ich glaube, das ist ganz wichtig und ein Grund, warum wir nun schon so viele Jahre glücklich zusammen sind, was ja nicht mehr so oft vorkommt. Wenn ich heute ein Single wäre und eine Frau kennenlernen würde, wüsste ich nie, ob sie an mir interessiert ist oder am Rennfahrer. Aber diese Gedanken muss ich mir zum Glück nicht machen.

Es dauerte eine ganze Weile, ehe die beiden ein gemeinsames Zuhause fanden. Mike machte Karriere als Profi-Rennfahrer, Susi ihr Abitur und anschließend eine Ausbildung zur Handelsfachwirtin. „Rocky" lebte in seinem Jugendzimmer im Dachgeschoss bei den Eltern in Neuwied quasi aus dem Koffer. Susi und Mike waren es gewohnt, sich nicht allzu häufig zu sehen und jeder hatte seine eigene Wohnung. Auch 2005 und 2006, als Rockenfeller von seinem Kumpel und Rennfahrer-Kollegen Lucas Luhr ein kleines Einzimmer-Appartement in Monaco übernahm, änderte sich nichts Grundlegendes an der Situation. Es gibt Rennfahrer wie Nico Rosberg oder Allan McNish, die das Leben im kleinen Fürstentum an der Côte d'Azur genießen. Für den jungen Mike Rockenfeller waren die zwei Jahre in Monaco eine schöne Erfahrung – er merkte aber schnell, dass das Leben in der Stadt auf Dauer nicht sein Ding war, sondern er lieber auf dem Land wohnt.

So wechselte „Rocky" 2007 nicht nur von Audi zu Porsche, sondern auch den Wohnsitz. Dieses Mal zog es ihn auf die Schweizer Seite des Bodensees, wo sich inzwischen eine ganze Reihe von Audi-Werksfahrern niedergelassen hatten: Lucas Luhr, Marco Werner, Mattias Ekström. Auch andere Rennprofis wie Timo Glock genießen die Landschaft und das Klima am Bodensee – und natürlich auch die Steuervorteile.

In der Schweiz bezogen Susi und „Rocky" erstmals gemeinsam eine Wohnung. Gleichzeitig reiften Pläne, ein eigenes Haus zu bauen. In einer kleinen Schweizer Gemeinde in der Nähe von Konstanz fanden sie ein Grundstück mit einem unverbaubaren Blick auf den See. Mike kaufte es und im Februar 2013 war ihr neues Zuhause fertig.

Wir haben uns mit einem Architekten zusammengesetzt und ihm gesagt, was wir uns so ungefähr vorstellen. Also nicht, wie es im Detail aussehen soll, sondern was wir brauchen, was wir gerne hätten. Auf dieser Basis hat er uns einen Vorschlag gemacht, in den wir uns auch gleich verliebt haben. Wir haben gesagt: Oh ja, das ist cool! Beim Innenausbau haben wir uns dann selbst verwirklicht. Zweieinhalb Jahre hat uns das Haus beschäftigt. Es war stressig, aber es hat auch viel Spaß gemacht. Und wir haben jetzt ein richtiges Zuhause, in dem wir uns sehr wohlfühlen.

Zum Haus gehören eine Einliegerwohnung und ein kleines Fitnessstudio, in dem sich Rockenfeller in Form hält. Zweimal

◄ *Mit Papa Helmut und Mama Anna vor dem Elternhaus in Neuwied*

30

die Woche unter Anleitung eines Personal Trainers. Dazu regelmäßiges Joggen und Radfahren, gelegentlich auch mit den Jungs vom Team Phoenix in der Eifel oder Freunden in der Heimat. Vor Beginn einer neuen Rennsaison wird das Programm intensiver. Dann trainiert „Rocky" zwei Monate lang fünf Tage die Woche. Fitness ist eine Grundvoraussetzung, um im Motorsport erfolgreich zu sein. Und auch krank werden darf man an einem Rennwochenende möglichst nicht.

„Rockys" Lebensgefährtin sieht man an der Rennstrecke nur selten. Susanne Schaller ist kein Anhängsel eines bekannten Sportlers. Sie hat ihr eigenes Leben mit einem Job in der Modebranche. Zuletzt arbeitete sie als Einkäuferin für die Holy Fashion Group. Vier Tage lang an einem Rennwochenende in der Team-Hospitality sitzen und in der Box die Daumen drücken? Nicht ihr Ding. „Ich kann diese Zeit besser nutzen", sagt sie. „Außerdem ist Mike dort bei der Arbeit. Ich glaube, wenn ich auf der Arbeit wäre und er wäre die ganze Zeit da, dann hätte ich auch keine Ruhe. Und so geht ihm das auch. Selbst wenn er weiß, dass ich ihn nicht störe oder irgendwie nerve, glaube ich schon, dass es ihn ablenken würde. Er würde im Hinterkopf denken: Ich muss mal gucken, ob bei ihr alles okay ist. Deshalb verfolge ich die Rennen lieber zu Hause vor dem Fernseher oder dem Laptop. Und zwar am liebsten alleine – dann kann ich mich voll darauf konzentrieren."

Durch die Geburt des ersten gemeinsamen Sohnes wird sich das Leben des jungen Paares im Sommer 2014 verändern. Es war Zufall, dass Susanne gerade ihre Stelle bei der Holy Fashion Group gekündigt hatte, um sich neu zu orientieren, als sich der Nachwuchs bemerkbar machte. Die beiden haben sich bewusst für ein Kind entschieden, aber nicht damit gerechnet, dass es so schnell klappen würde.

Kind hin oder her: Ich bin überzeugt, dass sie trotzdem etwas machen muss. Du brauchst einen Ausgleich für egal was du tust. Natürlich wird das Kind eine zentrale Rolle in ihrem Leben einnehmen. Aber du musst auch als Mutter mal rauskommen, andere Leute sehen. Es ist auch für mich schön, wenn Susi ausgeglichen ist und ihr eigenes Ding hat. Ich sehe das oft bei anderen Leuten: Wenn sich die Frauen – oder auch die Männer – langweilen, werden sie unglücklich – das ist verständlich, aber ganz schlecht. Ich glaube, wenn beide glücklich sind, dann ist auch die Beziehung glücklich. Bei uns passt das schon immer sehr gut.

Eine ganz wichtige Rolle im Leben von Mike Rockenfeller spielen seine Eltern, die den Sohn immer unterstützt haben. „Das sind ganz liebe Menschen, die auch ein Teil meiner Familie geworden sind", sagt Susi. „Sie haben mich von Anfang an herzlich aufgenommen. Wir freuen uns immer, wenn sie uns besuchen oder wir bei ihnen sein können. Ich bin glücklich darüber, dass ich so tolle Schwiegereltern in spe habe."

Für Susanne Schallers Eltern war es völlig zweitrangig, dass ihr potenzieller zukünftiger Schwiegersohn ein Rennfahrer ist. „Sie fanden Mike als Mensch sofort nett und herzlich", erzählt

„Meine Eltern sind stolz auf Mike – auch darauf, dass er so natürlich, normal und bodenständig geblieben ist."

Susanne Schaller

▼ Teamplayer: mit Miguel Molina beim Audi DTM Warm-up 2013 in München

▼ Sportler: Radfahren und Joggen als Fitness-Training

sie. „Heute sind sie stolz darauf, dass er so natürlich, so normal und so bodenständig geblieben ist. Auch auf seine Leistungen als Rennfahrer, aber das ist nebensächlich. Mike würde auch bei Freunden oder Bekannten nie mit seinen Erfolgen protzen. Es gibt viele, die sich damit profilieren würden – Mike macht das nie. Er versucht immer, mit seiner Persönlichkeit zu punkten."

Auch seine Eltern beschreiben ihn als zurückhaltenden und liebenswerten Menschen. „Mike war schon als Kind unheimlich ruhig und vernünftig", schildert Anne Rockenfeller. „Er kann auch Witze machen, aber von Haus aus ist er ein Vernunftsmensch, fleißig, absolut bei der Sache und überhaupt kein Draufgänger-Typ. Wir kennen ihn nur als kontrolliert und ordentlich." Genau wie Susanne verfolgt auch Anne Rockenfeller „Rockys" Rennen am liebsten allein vor dem Fernseher im heimischen Wohnzimmer. „Dann bin ich ungestört und kann meinen Emotionen freien Lauf lassen – das könnte ich an der Audi-Box nicht, denn ich bin ziemlich temperamentvoll …"

Papa Helmut ist der ruhigere Elternteil und häufig an der Rennstrecke anzutreffen. Oft fährt er zu den Veranstaltungen auch das Wohnmobil, in dem „Rocky" gerne bei den Rennen schläft, für das ihm aber noch der Führerschein fehlt.

Natürlich würden sich die Eltern wünschen, dass ihr Sohn irgendwann einmal wieder zurückkehrt in die Heimat und man sich auch einmal spontan auf einen Kaffee verabreden kann. Gerade jetzt, wo der erste Enkel im Anmarsch ist und auch „Rockys" Halbschwester Alexandra fast zeitgleich Nachwuchs erwartet. Aber in naher Zukunft wird der Lebensmittelpunkt von Mike und Susi in ihrem neuen Haus in der Schweiz bleiben, wo die beiden ein Leben ohne Extravaganzen führen.

Wir schauen eine DVD oder gehen mal ins Kino. Wir gehen gerne schön Essen oder essen zu Hause gemütlich mit Freunden – also eigentlich ganz normale Dinge. Durch das Haus ist der Garten jetzt natürlich ein großes Thema geworden. Das Boot, das wir hatten, haben wir wieder verkauft, weil wir einfach nicht genügend Zeit dafür hatten. So ein Boot ist unheimlich zeitintensiv, weil du es sauber halten und pflegen musst. Das lohnt sich nicht, wenn du es nur einmal für eine Stunde nutzt. Ich hätte aber gerne ein Schlauchboot mit Außenborder, mit dem wir direkt am Ufer in unserem Garten anlegen könnten. Damit könnte man spontan mal auf den See rausfahren oder auch ein Wakeboard ziehen – und es wäre immer startklar ohne großen Aufwand.

Freunde haben Susi und Mike sowohl am Bodensee als auch in der Heimat in Neuwied. Diese besuchen sie, so oft es geht. Auch für seine Fans nimmt sich Mike Rockenfeller an einem

Für „Rocky" eine selbstverständliche Pflichtübung: PR-Termin mit TV-Koch Johann Lafer

Bei den DTM-Rennen wohnt „Rocky" am liebsten im eigenen Wohnmobil

Rennwochenende so viel Zeit wie möglich. Das ist eine Herzensangelegenheit für ihn.

In der DTM ist das ein schwieriges Thema. Du kannst es gar nicht schaffen, im Fahrerlager allen gerecht zu werden. Wir sind an so einem Tag echt durchgetaktet und du kannst nicht einfach immer eine Viertelstunde stehen bleiben, auch wenn die Leute das gerne hätten. Das ist natürlich manchmal echt blöd, weil du den einen oder anderen Fan enttäuschst, wenn du weitergehen musst. Aber wir machen das grundsätzlich ja für die Fans an der Rennstrecke oder vor dem Fernseher. Von daher freue ich mich über wirklich gute Fans, die sich Mühe geben und die man zum Teil schon viele Jahre sieht – davon lebt der Sport und davon lebe am Ende auch ich.

Fehlende Zeit ist prinzipiell ein zentrales Thema im Leben eines Profi-Rennfahrers. Die Öffentlichkeit nimmt in erster Linie die Rennwochenenden wahr. Doch damit ist es nicht getan: Fitnesstraining, Testfahrten, Meetings und zahlreiche PR-Termine prägen den prall gefüllten Terminkalender – ganz besonders in einem erfolgreichen Jahr wie 2013.

Der PR-Marathon nach dem Titelgewinn in Zandvoort war sehr anstrengend. Es waren viele interessante Sachen dabei und auch tolle Auszeichnungen wie der Motorsportler des Jahres beim ADAC oder die Wahl zum besten Tourenwagen-Fahrer des Jahres. Das ist schon cool. Beim ADAC stehe ich nun in einer Reihe mit Fahrern wie zum Beispiel Michael Schumacher, Nick Heidfeld, Walter Röhrl, Heinz-Harald Frentzen und Sebastian Vettel. Das macht mich schon stolz. Und auch Fahrer des Jahres wird man nicht so häufig. Aber ich habe gemerkt, dass mir nach einer stressigen Saison, die mental sehr an den Nerven gezehrt hat, die Zeit zum Durchschnaufen fehlte. Man braucht im Winter einfach etwas Ruhe, um sich wieder aufzuladen, neu zu motivieren und wieder heiß aufs Fahren zu werden.

Mike Rockenfeller gehört zu jenen glücklichen Menschen, die ihr Hobby zum Beruf gemacht haben. Hätte es mit dem Motorsport nicht geklappt, würde er heute vielleicht als Automechaniker arbeiten.

Ich habe irgendwann davon geträumt, Rennfahrer zu werden – aber nie, dass ich es so weit bringen würde. Für mich ist es ein Traumjob, weil ich einfach gerne Auto und Rennen fahre. Aber man darf den Job nicht unterschätzen. Es wirkt alles relativ easy: Du fährst für einen tollen Hersteller wie Audi die besten Rennautos, verdienst ordentliches Geld, feierst Erfolge. Aber natürlich gehört da viel mehr dazu. Die Gefahr ist das eine, die aber für mich nicht so im Vordergrund steht. Es gibt viele Menschen, die bei ihrer Arbeit jeden Tag ein viel höheres Risiko eingehen, aber nicht so dafür belohnt werden wie ich. Aber der Leistungsdruck ist immens. In der DTM hast du nur zehn Rennen im Jahr, bei denen du hundertprozentige Leistung abliefern musst. Wenn du das nicht schaffst, hat du keinen Erfolg. Das macht den Motorsport und die DTM so anstrengend. Dazu kommt das permanente Leben aus dem Koffer. Ich merke immer erst nach Saisonende, wie schön es ist, eine Woche mal keinen Koffer zu packen. Wenn du zwei Wochen am Stück unterwegs bist, musst du ja alles dabei haben, du lebst quasi aus dem Auto. Das sind vielleicht Kehrseiten, die nicht so dramatisch sind, aber die man nicht unterschätzen darf. Man hat auch weniger Möglichkeiten, viel mit Freunden zu machen, weil man einfach viel unterwegs ist – da bleibt vieles auf der Strecke. Auch das ist nicht schlimm, aber es sind Dinge, die die Leute nicht unbedingt sehen. Das Rennfahren an sich ist purer Spaß. Aber es ist nur ein kleiner Teil des Jobs, der Rest gehört auch dazu und ist Pflicht. Auch da gibt es viele schöne Momente, aber ich bin niemand, der gerne an anderen Events teilnimmt. Ich versuche, mich als Rennfahrer zu definieren und meinen Erfolg zu haben. Da fühle ich mich wohl und sicher. Sicher nicht im Sinne von Unfall, sondern sicher im Sinne von Selbstsicherheit oder Selbstbewusstsein.

Der Mensch Rocky – ein erstaunlicher Rennfahrer, der nur selten große Emotionen zeigt und Sprüche klopft, aber eine Menge zu bieten hat. Seiner Familie genauso wie seinen vielen Fans, seinem Arbeitgeber und seinem Team. Und der geprägt wurde durch eine außergewöhnliche Kindheit. //

▼ *Gefragte Autogramme: Für seine Fans nimmt sich Mike Rockenfeller möglichst viel Zeit*

Back to *the roots*

Papa Helmut Rockenfeller ist nicht ganz unschuldig daran, dass sein Filius Rennfahrer wurde. Er kaufte ihm einen orangefarbenen VW Käfer, als Mike sieben war, und nahm ihn später mit auf die Kartbahn. Auf dem Hof in Neuwied-Niederbieber, auf dem „Rocky" aufwuchs, leben die Eltern noch immer. Und er selbst schläft dort bei Besuchen in seinem Jugendzimmer.

▲ *Mike Rockenfeller spielte in der C-Jugend – aber Fußball und Kartfahren, das ging nicht gleichzeitig*

Dass Mike Rockenfeller mit Benzin im Blut auf die Welt kam, lag vielleicht schon an der ersten Begegnung seiner Eltern: Anne und Helmut Rockenfeller lernten sich in einer Tankstelle kennen, in der er nach seiner Zeit beim Bundesgrenzschutz eine Lehre machte. Die hübsche Frau interessierte ihn, doch schüchtern, wie er war, wagte es Helmut Rockenfeller nicht, sie anzusprechen. Weil es damals üblich war, die Tankrechnung anschreiben zu lassen und am Monatsende zu zahlen, konnte er aber ihren Namen herausfinden: Anne Heuser.

Annes Eltern hatten einen Garten- und Landwirtschaftsbetrieb und Helmut Rockenfeller kannte deren beiden Söhne. „Aber ich wusste nicht, dass sie noch eine Schwester hatten. Ich bin also zu meinem Meister und hab ihm gesagt: Da war eine Frau mit einem Mercedes, die hat auf die Karte Heuser getankt. Und die Antwort war: Ja, das ist die Schwester von Rainer und Dieter – und dass sie gerade in Scheidung lebte, was im Dorf ein Gesprächsthema war."

Helmut Rockenfeller war nicht unbedingt der Typ, der Anne Heuser aufgefallen wäre. Doch sie lernte einen überaus sympathischen Mann kennen, der sie in ihren Bann zog. „Noch heute fasziniert mich seine Ruhe und Gelassenheit, der anständige Charakter", sagt sie. „Man merkt einfach, dass er aus einem guten Elternhaus kommt. Bei ihm fühlt man sich wohl und geborgen – mittlerweile seit 34 Jahren."

Anne brachte aus der ersten Ehe eine damals vierjährige Tochter mit in die neue Beziehung: Alexandra. Als „Rocky" am 31. Oktober 1983 in Neuwied geboren wurde, war sie sieben.

Doch Helmut Rockenfeller behandelte Alexandra vom ersten Tag an wie seine eigene Tochter – etwas, das ihm seine Frau ganz hoch anrechnet.

Eigentlich wollte Anne Heuser kein zweites Mal heiraten. Doch als sie mit Mike im dritten Monat schwanger war, ging sie mit Helmut zum Standesamt, damit ihr gemeinsames Kind nicht den Namen ihrer ersten Ehe tragen musste. Sonst wäre Mike Rockenfeller als Mike Heuser geboren worden. Bereut haben die beiden diesen Schritt nie.

„Rocky" war ein Wunschkind, bei seiner Geburt 56 Zentimeter groß, 4.380 Gramm schwer, 39 Zentimeter Kopfumfang. Braune Augen, mittelbraune Haare, steht in seinem Geburtsbuch. „Ein absoluter Sonnenschein", sagt Anne Rockenfeller. „Und das ist er auch heute noch – und ein Familienmensch."

Auch Alexandra Heuser freute sich über den Zuwachs in der Familie Rockenfeller. Dass sie einen anderen Vater hat als er selbst, erfuhr „Rocky" im Alter von sieben Jahren. Ein Junge, der auf dem Hof der Rockenfellers aushalf und gerne Traktor fuhr, verriet es ihm eines Tages. „Rocky" kam also nach Hause zu seiner Mutter und fragte: „Mama, der Lukas hat gesagt, Alexandra ist nicht meine Schwester, sondern nur eine halbe Schwester." Da Mike nun in einem Alter war, die Wahrheit zu verstehen, erklärte sie ihm alles. Und die Antwort, die ihr Sohn gab, hat sie bis heute nicht vergessen: „Mama, das ist nicht schlimm, dass sie nur eine halbe Schwester ist. Ich hab sie trotzdem so gern wie eine ganze."

Mike und seine große Schwester hatten schon immer ein gutes Verhältnis. Sie wurde auch nicht eifersüchtig, als Anne und Helmut fast jedes Wochenende mit ihrem Bruder zu Kartrennen fuhren und viel Geld in den Kartsport investierten. Alexandra freute sich eher über eine sturmfreie Bude und Zeit für ihre Leidenschaft, nämlich Pferde – ein PS statt 500.

Die Alex ist ja sieben Jahre älter, und dadurch hatte sie natürlich schon andere Interessen, als ich mit dem Kartfahren angefangen habe. Ich war neun, sie 16. Da wollte sie lieber am Wochenende feiern gehen und zu Hause bleiben, als mit uns auf eine Kartbahn zu tingeln. Am Anfang, als wir das noch hobbymäßig gemacht haben, ist sie ein paarmal selbst gefahren und hat auch manchmal die Motoren eingefahren. Aber sie hatte keinen großen Spaß daran. Sie wohnt neben meiner Oma mütterlicherseits in einer Wohnung neben einem Aussiedlerhof. Dort hat sie die Liebe zu den Pferden entdeckt – und dort ist sie geblieben. Sie ist Industriekauffrau und kommt nur ganz selten zu den Rennen. Aber das ist auch gut so. Wir haben auch heute noch ein gutes Verhältnis und ich freue mich, dass ich nicht über Motorsport reden muss, wenn ich nach Hause komme, sondern über ganz normale andere

Dinge. Natürlich verfolgen auch meine Freunde aus der Jugend, was ich im Motorsport mache und sie fragen mich ganz kurz, wenn gerade etwas Interessantes passiert ist. Aber sonst ist das nie ein Thema. Und das ist schön, denn das würde mich etwas nerven. Am Rennplatz reden wir ja schon genug über den Motorsport.

Viele Freunde aus seiner Schulzeit trifft Mike Rockenfeller noch heute regelmäßig. Zum Beispiel Michael Müsch oder Konstantin Landwein. Die meisten wohnen noch in Neuwied, und wenn er in der Gegend ist, ruft er schon aus dem Auto an und verabredet sich zum Squash, zum Joggen um den Schwanenteich oder einfach nur zum Quatschen.

Weil beide Elternteile hart arbeiten mussten, verbrachte „Rocky" als Kind viel Zeit mit Oma und Opa – Roselinde und Helmut väterlicherseits, Leonie und Richard mütterlicherseits.

Als ich sieben war, haben meine Eltern das Haus umgebaut und eine Werkstatt eröffnet. Das war 1990. Beide haben viel gearbeitet und so habe ich sehr viel Zeit bei meinen Großeltern verbracht, vor allen bei Oma Leonie und Opa Richard. Die beiden hatten einen Bauernhof in Rengsdorf, etwa sieben Kilometer von uns entfernt. Dort hatte meine Mutter im Büro gearbeitet und mich schon als kleines Kind häufig mitgenommen. Wir hatten viel Platz und Freiraum und wir haben die dümmsten Sachen gemacht, die man so als Kinder auf dem Land macht. Einmal habe ich nicht weit weg vom Stroh mit Feuer gespielt. Wir haben ohne Aufsicht geschweißt und viele Dinge ohne Aufsicht gemacht, bei denen etwas hätte passieren können. Zum Glück ist alles gutgegangen.

„Rockys" Vater Helmut arbeitete als Kfz-Meister in einer Subaru-Vertragswerkstatt, reparierte aber schon immer nebenbei nach Feierabend Autos von Bekannten und Freunden. Irgendwann entschied er, sich selbstständig zu machen und eine Werkstatt zu eröffnen. Für den jungen Mike Rockenfeller ein Paradies, da er fortan nach Herzenslust basteln, bauen, sägen und hämmern konnte. Dort bekam er das technische Grundverständnis, das ihm später auch in seiner Karriere als Profi-Rennfahrer hilfreich war und ihn von anderen Rennfahrern abhob.

Ich erinnere mich noch daran, dass ein Nachbarsjunge zwei elektrische Autos auf den Sperrmüll an der Straße gestellt hat: einen Jeep und ein Rennauto. Die habe ich geholt, weil ich dachte, dass sie noch ganz gut aussahen. Gemeinsam mit meinem Vater habe ich sie repariert, neue Batterien eingebaut und wieder zum Fahren gebracht. Das waren dann meine ersten fahrbaren Untersätze. Der eine hatte richtig Power. Irgendwann ist ein Kabel gebrochen. Es gab einen Kurzschluss und ich habe mir dabei den Daumen verbrannt – zum Glück nur ein bisschen. Das sind alles Erfahrungen, die ich nicht missen möchte.

◄ *Als Mike seine Susanne kennenlernte, war sie erst 17*

► *Dieses Foto zeigt den landwirtschaftlichen Betrieb und die Werkstatt der Eltern Anfang der 90er-Jahre – und den orangefarbenen VW Käfer, „Rockys" erstes Auto*

▲ *So oft es geht, besucht Mike Rockenfeller sein Elternhaus im Neuwieder Stadtteil Niederbieber*

Ein absolutes Paradies war für „Rocky" der Hof der Großeltern mütterlicherseits. Dort gab es alles, was man für den Garten- und Landschaftsbau so braucht: Baugeräte, Bagger, Lastwagen, Mähdrescher, Rasenmäher-Traktoren, Autos.

Alles, was da rumstand und fahrbar war, war für meinen Cousin Andreas, der neun Monate älter ist als ich, und mich von größtem Interesse, damit über den Hof oder durch den Wald zu fahren. Irgendwann haben wir auf einer Tankstelle eine kleine Motocross-Maschine entdeckt. So eine hat mein Cousin bekommen, ich durfte sie auch einmal fahren. Wenn keine Pferde auf der Koppel meiner Oma waren, war das die perfekte Rennstrecke. Ich fand die Motocross-Maschine von Andreas so klasse, dass ich so lange rumgemacht habe, bis ich zu Weihnachten die gleiche bekommen habe. Wir sind dann zu zweit gefahren. Meistens hat mich mein Opa Helmut auf dem Traktor mit zum Hof genommen und das kleine Motorrad in eine Kiste gestellt, in die eigentlich Mais reinkam. Es war ein Traum, so groß zu werden. Es war einfach ein Riesenerlebnis, einen Bagger starten zu dürfen und damit herumzufahren. Am Anfang war das nur Spaß. Aber schon früh wurde eine Pflicht daraus, weil auf so einem Hof alle mithelfen müssen – auch die Kinder. Auch das prägt einen.

Zur Schule in Neuwied-Niederbieber konnte Rockenfeller zu Fuß gehen. In den Pausen wurde Fußball gespielt und das wurde wie bei vielen anderen Jungen in seinem Alter zu seinem ersten Hobby. Bis zur C-Jugend kickte „Rocky" in Niederbieber im Fußballverein. Jeden Samstag ein Spiel. Doch als der Kartsport immer zeitintensiver wurde, stellten ihn die Eltern mit zwölf vor die Wahl: Fußball oder Kart? Die Antwort kannten sie eigentlich schon vorher.

Auch einen Sinn für das Geschäftliche entwickelte er bereits früh. Während der Grundschulzeit gab es einen Flohmarkt und

Mike hatte nichts, was er von seinen Sachen abgeben wollte. Also investierte er fünf Mark, um anderen Kindern ein paar Dinge abzukaufen und verkaufte sie teurer weiter – am Ende brachte er 25 Mark mit nach Hause und war megastolz. Kein Wunder, dass er fast seine ganze Karriere ohne Manager auskommen sollte …

Von der Gundschule ging es auf das Gymnasium – das war eigentlich meine schlimmste Zeit. Ich war nur zwei Jahre dort, das fünfte und sechste Schuljahr. Es hat mich damals leider nicht wirklich interessiert und ich habe erst später verstanden, warum man zur Schule gehen muss. Das ist vielleicht ein kleiner Fehler in unserem Bildungssystem, den Kindern das nicht besser zu erklären. Ich jedenfalls habe das nicht für notwendig gehalten. Ich habe mich gefragt, wozu man Englisch und Latein braucht. Das war rückwirkend betrachtet natürlich bescheuert. Fakt ist, ich bin ab der siebten Klasse in die Realschule gegangen – und ab da lief es bis zur Mittleren Reife auch ganz normal. Ich hatte Spaß und habe auch verstanden, dass ich das für mich mache. Mathematik war immer mein Lieblingsfach und am Ende hatte ich die Empfehlung meiner Klassenlehrerin, das Abitur zu machen. Aber dazu hatte ich keine Lust. Ich wollte eine Ausbildung machen. Für mich war klar, dass ich Kfz-Mechaniker oder Kfz-Meister werde und bei meinem Vater in der Werkstatt arbeite.

„Rockys" Vater war als Jugendlicher mit einem umgebauten VW Käfer in Kiesgruben und auf abgemähten Feldern gefahren. Er erzählte seinem Sohn davon und ab diesem Moment wollte auch der einen solchen „Stoppelhopser" haben. Also ging der Vater los, investierte 300 Mark und kaufte dem Filius einen etwa 20 Jahre alten, orangefarbenen Käfer – noch fahrbereit, aber ohne TÜV.

Ich war erst sieben und noch zu klein. Ich kam an nichts ran und so stand das Ding erst einmal rum. Etwa ein Jahr später habe ich dann versucht, den Käfer zum Laufen zu bringen. Ich habe so lange georgelt und die Batterie überbrückt, bis der Motor endlich angesprungen ist. Ab da bin ich zum Leidwesen der Nachbarn jeden Tag damit auf dem Hof und über die Wiese hinter der Werkstatt gefahren. Natürlich habe ich meine Freunde mitgenommen, als wir nachmittags aus der Schule kamen. Auch Oma und Opa saßen nebendran. Ich habe die Räder durchdrehen lassen und überall waren schwarze Striche. Das war eine coole Zeit. Wenn der Tank leer war, bin ich mit dem Kanister zur Tankstelle gelaufen und habe neuen Sprit geholt. Einmal habe ich das Ding frontal gegen einen Baum gesetzt, weil ich vom Pedal abgerutscht bin. Neben mir saß ein Freund und der ist mit dem Kopf gegen das Armaturenbrett – zum Glück ist nichts weiter passiert, aber er durfte zu Hause nichts erzählen, sonst hätte er mit mir nicht mehr mitfahren dürfen. Ich hab das Auto dann erst einmal vorwärts gegen ein Gebüsch geparkt, damit mein Vater nicht den Knick in der Motorhaube und der Stoßstange sieht. Manchmal bin ich auch rückwärts an einen Baum herangefahren und habe die Räder durchdrehen lassen. Das Auto wurde richtig gequält …

Als er mit 18 den Führerschein machte, bekam Mike vom Vater einen Fiat Bravo für 6.900 Mark. Dabei gibt es zwei Versionen: Der Sohn erzählt, der Vater hätte das Auto nicht verkauft bekommen. Der Vater dementiert dies vehement und sagt, sie hätten Mike das Auto schenken wollen – aber er habe darauf bestanden, den Bravo von seinem Lehrlingsgeld korrekt zu bezahlen. Jedenfalls fuhr „Rocky" den Fiat ganze drei Monate, ehe er den ersten Dienstwagen von Porsche bekam und das Auto an die Schwester ging.

VW Käfer und Fiat Bravo existieren nicht mehr. Wohl aber der erste Motorroller, den Mike Rockenfeller mit 15 bekam. Den nutzt sein Vater noch heute, um bei den Rennen durchs Fahrerlager zu fahren. Weil Mike ihn in seiner Jugend so akribisch gepflegt hat, ist er noch immer in einem Topzustand und für die Eltern ein Stück Erinnerung. Auch sein Zimmer im ersten Stock des Elternhauses gibt es noch. Das nutzen Mike und Susanne, wenn sie zu Besuch kommen. //

„Mike war schon als Kind ruhig und unheimlich vernünftig. Manchmal denke ich mir, er ist zu vernünftig."

Anne Rockenfeller

18
HAASE

Munich International Racingteam

Mike´s Racing Team

Familien*betrieb*

Andere kaufen sich für viel Geld in professionelle Kartteams ein. Die Rockenfellers machten sechs Jahre lang alles selbst. Geschraubt wurde in der heimischen Werkstatt. Papa Helmut fuhr das Wohnmobil und war an der Rennstrecke der Mechaniker. Mama Anne kochte und stoppte die Zeiten.

Rockenfeller – das klingt fast wie Rockefeller. In der Tat ist „Rocky" ein entfernter Verwandter des berühmten Rockefeller-Clans aus den USA, der seine Wurzeln in Neuwied hat. Der Name „Rockenfeller" ist eine Herkunftsbezeichnung, die sich von der Siedlung Rockenfeld ableitet, dem heutigen Stadtteil Feldkirchen.

Ich war mal beim Bügermeister von Neuwied zu Besuch. Er erzählte mir, dass die US-Rockefellers im Rathaus Ahnenforschung betrieben haben. Und es stimmt tatsächlich, dass ich – um wie viele Ecken auch immer – mit dem Rockefeller-Clan verwandt bin. In meiner früheren Karriere wäre es sicher hilfreich gewesen, wenn die familiären Bande enger gewesen wären ...

Anne und Helmut Rockenfeller investierten zwar jeden verfügbaren Euro und jede freie Minute in die Kartlaufbahn des Sohnes. Für eine Profikarriere im großen Motorsport hätte das Budget aber wohl nicht gereicht. Deshalb war immer klar, dass Mike einen richtigen Beruf erlernen sollte. „Er wusste: Schule, Lehre, Abschluss – der Beruf steht vor allem", erinnert sich seine Mutter. „Er hat erst seine Hausaufgaben gemacht und ist dann raus ans Kart und hat geschraubt."

Rockenfellers Vater Helmut war als Kind selbst ein leidenschaftlicher Leihkartfahrer. Er interessierte sich für den Motorsport, besuchte Rennveranstaltungen am Nürburgring, zum Beispiel die DTM. Als Mike acht und damit alt genug war, erzählte er ihm von einer nahe gelegenen Kartbahn im Westerwald. „Rocky" bekam leuchtende Augen und wollte dort unbedingt hin.

Ich erinnere mich noch ganz genau an diese Kartbahn namens Eichelhardt im Landkreis Altenkirchen, etwa 40 Minuten von uns entfernt. Es war eine kleine Bahn, aber für mich als Kind war sie riesig. Ich hatte so etwas noch nie zuvor gesehen. Als wir das erste Mal dort hingefahren sind, war die Bahn geschlossen. Ich war unheimlich enttäuscht, dass ich nicht fahren konnte. Und so sind wir am nächsten Wochenende wieder hin. Es hat geregnet ohne Ende, trotzdem hatten mein bester Kumpel Michael, mein Cousin Andreas und ich jede Menge Spaß. Ich weiß noch, wie uns meine Mutter danach die Kleidung ausgezogen hat und wir auf der Rückfahrt im Auto gesessen sind. Die Klamotten waren klatschenass, aber wir waren überglücklich. Für mich war es das Größte. Ab da wollte ich nur noch Kart fahren. Von da an sind wir sind jedes Wochenende sonntags dorthin.

▼ „Rocky" als 11-Jähriger 1995 in seiner ersten Kartsaison und mit dem Idol vieler Kids damals: Michael Schumacher

Schon in den ersten 15 Minuten im Regen von Eichelhardt konnte man „Rockys" Talent erahnen. Er war schnell und weckte sogar die Aufmerksamkeit des Kartbahn-Betreibers. „Fährt der zum ersten Mal?" fragte er „Rockys" Vater. „Es mag etwas vermessen klingen, aber man konnte bereits sehen, dass er Talent hat", sagt Helmut Rockenfeller nicht ohne Stolz.

Zehn Minuten in Eichelhardt kosteten damals 15 Mark. Und da es mit zehn Minuten nicht getan war, wurden die Sonntage der Familie Rockenfeller fortan ein teurer Spaß. Außerdem sah der Filius dort andere Kinder, die eigene Rennkarts besaßen, die viel schneller waren und ganz anders klangen. Deshalb wünschte sich Mike zur Kommunion mit neun Jahren ein eigenes Rennkart.

Wir haben das Mama so verkauft, dass es viel billiger ist, ein eigenes Kart zu haben, weil man sich dann die teuren Leihgebühren spart. Ich habe mir das erste Rennkart mit meinem Vater geteilt. Das heißt, wir hatten Pedalverlängerungen, die man aufstecken konnte, und einen kleinen Sitz, den man in den großen gepackt hat. Das Kart war trotzdem ganz schön groß für mich.

Anne Rockenfeller fühlte sich von ihren beiden Männern ein wenig überlistet – vor allem von ihrem Gatten: „Als sie losfuhren, fragte ich: Ihr geht doch nicht etwa ein Kart kaufen? Nein, nein, war die Antwort. Nur gucken. Und womit kamen sie zurück: mit einem gebrauchten Kart. Weil es vor allem der Papa war, der das wollte, habe ich Mike irgendwann gefragt: Mike, möchtest du das alles überhaupt? Macht dir das wirklich Spaß?" Die Antwort war kurz, aber bestimmt: „Ja, Mama!"

> „Ich fand es einfach cool, Kartrennen zu fahren. Ich habe nicht daran gedacht, Profirennfahrer zu werden."
>
> *Mike Rockenfeller*

Mike's Racing Team war geboren. „Während andere sonntags zu Hause ihr Familienleben zelebrierten, waren wir Verrückten auf der Kartbahn da oben im Westerwald", erzählt Anne Rockenfeller mit einem leichten, ungläubigen Kopfschütteln.

Vorbereitet wurde das Kart in der heimischen Werkstatt in Neuwied. Für den Transport zu den Rennen wurde ein Hänger angeschafft, als Zugmaschine und rollendes Hotel diente ein

▲ *Der Papa als Mechaniker: Helmut Rockenfeller*

▲ *Wohnmobil statt Wochenendhaus: das Motorhome der Kartfamilie*

▲ *Roll-out: Testfahrten auf dem Hof der Eltern*

kleines Wohnmobil. Aus einem Kart wurden schnell zwei und das junge Familienteam begann, von Kartrennen zu Kartrennen durch das Land zu reisen.

Es war die Zeit, als Ayrton Senna tödlich verunglückte, Michael Schumacher seinen ersten Weltmeistertitel holte und die Formel 1 in Deutschland unheimlich populär wurde. Doch dem jungen Mike Rockenfeller wäre es damals nie in den Sinn gekommen, von der Formel 1 oder einer Karriere als Profirennfahrer zu träumen. Er war glücklich damit, einfach nur Kart zu fahren. Es gab vereinzelt Werksfahrer im Kartsport. Einer von ihnen zu werden und professionell Kartrennen zu fahren, das war sein Traum. Die Formel 1, die DTM, Le Mans – das alles war in weiter Ferne und eigentlich kein Thema. Die Familie Rockenfeller, die alles selbst machte, hätte auch gar nicht die finanziellen Mittel dafür gehabt.

„Rocky" schraubte von Anfang an nach der Schule selbst an seinem Kart, an den Wochenenden half der Vater. Anfangs reichte es, das Kart sauber zu halten. Je professioneller die Rennen wurden, desto größer wurde auch der zeitliche Aufwand: Chassis zerlegen und wieder akribisch zusammenbauen, den Motor reinigen, die Kupplung warten – im Neuen Weg in Neuwied-Niederbieber entstand allmählich eine veritable Kartwerkstatt mit wachsendem Know-how. Die Rockenfellers schafften sich einen Alukastenwagen an, in dem sie eine mobile Werkstatt einrichteten. Die Mama war an den Rennwochenenden für Catering und Zeitnahme zuständig.

Doch das Budget blieb knapp. Wenn andere 100.000 Mark für eine Kartsaison ausgaben, mussten den Rockenfellers 20.000 Mark reichen. Wenn andere fünf Reifensätze pro Rennwochenende hatten, musste Mike mit einem auskommen. Im Prinzip blieb das bis zur Formel König so und das hat Mike Rockenfeller geprägt. „Er hat nie gefragt, warum haben die anderen, was ich nicht habe?", sagt Anne Rockenfeller. „Er wusste, dass es nicht anders ging und ist immer materialschonend gewesen – das ist er ja auch heute noch."

Vater und Sohn Rockenfeller mussten sich im Kartsport alles selbst beibringen und zahlten auch viel Lehrgeld. „Wir kannten uns am Anfang gar nicht aus und fuhren gegen Leute wie Rosberg, Kubica oder Lotterer", sagt Helmut Rockenfeller. „Aber Mike hat sich durchgebissen."

Ich habe den Kartsport generell als sehr schön empfunden. Nur diese Unsicherheit, nie zu wissen, ob und wie es weitergeht wegen des Geldes, das vermisse ich überhaupt nicht. Natürlich haben sich auch meine Eltern machnmal gefragt, ob es überhaupt noch Sinn macht, weiterzumachen, wenn es so viel kostet. Sie haben ja alles aus eigener Tasche bezahlt. Wir kannten uns auch überhaupt nicht aus, hatten ein No-Name-Kart, einen alten Motor für Regen und einen besseren für trockene Bedingungen. Ich stand mehrmals auf der Pole, doch dann kamen die Starts. Und jedes Mal habe ich fünf, sechs, sieben Plätze verloren. Natürlich hat mein Vater gesagt: Du bist zu blöd zu starten. Wir haben erst nach einem Jahr verstanden, was das Problem war. Die Kupplung musste bei 6.000 Umdrehungen kommen – das wurde auch überprüft. Aber es war usus, die Kupplung vor der Einführungsrunde mit Öl vollzumachen, damit sie durchrutscht und erst mit 8.000 oder 10.000 Umdrehungen packt. Dadurch hattest du beim Start viel mehr Qualm. Leider wussten wir das nicht. Im Jahr darauf habe ich die Kupplungen selbst eingestellt. Wir haben ein Getriebeöl für Landmaschinen verwendet, das sehr zähflüssig und damit perfekt dafür war: Es hat die Einführungsrunde genau überstanden und dann hattest du einen guten Start. Ich habe damals schon gelernt, dass man im Motorsport die Grauzonen ausreizen muss.

Es gab Eltern, die mussten ihre Kinder jeden Abend suchen. Nicht die Rockenfellers. Sie wussten, Mike schraubt in der Werkstatt an seinem Kart. Schon mit 13 baute er die Motoren auseinander, setzte neue Kolben ein und baute sie wieder zusammen. Oft bekam er Hilfe vom Vater. War der nicht da, setzte sich die Mutter zu ihm in die Werkstatt – einfach nur, um ihm Gesellschaft zu leisten.

Als „Rockys" Vater ein Kartrennen in München wegen der Ernte auslassen musste, sprangen Mama Anne und Schwester Alexandra ein. Es wurde das teuerste Wochenende in der Geschichte von Mike's Racing Team, weil die Mama dem Sohn keinen Wunsch abschlagen konnte und so viele Reifen kaufte wie noch nie zuvor.

Die Mama hinterfragte das Kart-Engagement auch regelmäßig kritisch. Sie sah, dass andere Kinder spielten, während ihr Sohn seine ganze Zeit für den Kartsport opferte. Montags hat er die Hausaufgaben nachgeholt, die seine Schulkameraden an den Wochenenden erledigt hatten. Ab Dienstagnachmittag durfte er wieder am Kart schrauben und das nächste Rennen vorbereiten. „Er hat das aber immer mit Freude gemacht", sagt seine Mutter. „Es gab Kinder, die mussten das machen, obwohl sie es eigentlich gar nicht wollten. Da wären besser die Väter gefahren. Ich fand das schlimm und habe Mike gesagt: Wenn du keine Lust mehr hast, sag sofort Bescheid. Aber das war nie der Fall. Mike war auch gut genug in der Schule, dass er für die Kartrennen immer frei bekam. Sonst wäre das nicht gegangen."

Während Helmut Rockenfeller sich bei den Rennen um das Kart seines Sohnes kümmerte, hielt die Frau Mama den Kontakt zu den Organistoren und der Rennleitung. Auch da ging nicht immer alles mit rechten Dingen zu. Ganz besonders enttäuscht wurden die Rockenfellers immer wieder in Kerpen-

Manheim, der Kartbahn, auf der Michael Schumacher groß wurde. Weil sie sich zweimal betrogen fühlten, traten die Rockenfellers aus Protest aus dem Club aus. „Es kommt vielleicht der Tag, an dem Sie sich an Mike Rockenfeller erinnern werden", schnaubte Anne Rockenfeller in das Telefon.

Die Rockenfellers lernten während der insgesamt sechs Kartjahre viele interessante Menschen und Familien kennen. Die Lands, die Vettels. Speziell zu den Eltern von Sebastian Vettel riss der Kontakt nie ab. Man telefoniert und besucht sich gegenseitig. Aber es gab auch viele negative Erfahrungen in der Kartzeit. „Da gab es ganz viele Egoisten, mit denen wir nichts zu tun haben wollten", so Anne Rockenfeller. „Die haben am Vorstart ihren Kinden die Anweisung gegeben, andere abzuschießen oder haben sie nach dem Rennen angeschrien, wenn sie nicht gut gefahren waren. Mit so etwas konnten wir uns nie identifizieren. Wir haben bescheiden unser Ding gemacht, waren freundlich und hilfsbereit und haben auch Konkurrenten geholfen."

Mein Vater ist ein sehr gutmütiger und liebenswerter Mensch. Für den Kartsport war er vielleicht manchmal zu nett. Im Nachhinein betrachtet, sind wir zu oft bei einem Motorentuner oder Karthändler geblieben, weil mein Vater ihn mochte und der ein netter Kerl war. Oft dachten wir auch, es wäre günstiger bei denen – aber selbst das war nicht der Fall.

Als im Jahr 2000 der Wechsel in die Deutsche Kart-Meisterschaft (DKM) anstand, musste Vater Rockenfeller passen. „Mike, diese Materialschlacht können wir uns nicht leisten", sagte er. Für den Sohn war das eine große Enttäuschung und die Alternative – der Jörg van Ommen Kart Cup – zunächst wie ein Abstieg. Der ehemalige DTM-Pilot verlangte mit 18.000 Mark eine ziemlich hohe Nenngebühr. Doch darin enthalten waren Motoren, Reifen und Benzin für die Rennveranstaltungen, die zudem nur zwei Tage dauerten. „Für die DKM hätten wir dagegen teilweise schon mittwochs losfahren und ich das Geschäft zumachen müssen", erinnert sich Helmut Rockenfeller.

Ich war eigentlich nicht so happy damit, weil ich immer von der DKM geträumt hatte. Der Cup war für mich daher eher ein Rückschritt in die zweite Liga. Aber mein Vater sagte, das wäre Quatsch, weil ich so die Chance hätte, vielleicht auch einmal ein Jahr Formel zu fahren oder in den Genuss einer Förderung zu kommen.

Er sollte Recht behalten. „Rocky" gewann nicht nur den Jörg van Ommen Kart Cup 2000, sondern auch die anschließende Sichtung, bei der er sich eine kostenlose Fahrkarte für die Formel-König-Saison 2001 sicherte. Wäre er DKM gefahren, wäre das möglicherweise die Endstation seiner Karriere gewesen.

„Man muss realistisch bleiben", sagt Anne Rockenfeller. „Ich meine, wir hätten unser Haus verkaufen und irgendwo zur Miete wohnen können. Dann wäre das vielleicht eine Formelsaison gewesen. Aber mehr auch nicht."

Auch die dunklen Seiten des Motorsports lernte die Familie Rockenfeller während der Kartzeit kennen. Gleich zu Beginn mussten die Rockenfellers den tödlichen Unfall von Mark Sauter miterleben, der im Qualifying in Walldorf auf ein liegengebliebenes Kart aufgefahren und mit der Brust auf das Lenkrad geprallt war. An diesem Wochenende hatten die Veranstalter erstmals ein Zelt für einen Gottesdienst am Renntag aufgebaut, der nach dem tödlichen Unfall des Jungen zu einer Trauerfeier wurde. „Nach dem Unfall bin ich ziemlich durchgedreht", gibt Anne Rockenfeller zu. „Ich habe geweint und geschrien, es wird alles verkauft. Ich hatte abgeschlossen mit der Sache."

Meine Eltern und gerade meine Mutter haben damals realisiert, wie gefährlich das ist und wie schnell das gehen kann. Meine Mutter hat damals gesagt: Wir hören auf. Und ich glaube, mein Vater war damals nicht weit davon entfernt. Zum Glück haben wir es hingekriegt, dass ich weiterfahren durfte. Aber es war schon ein einschneidendes Erlebnis und meine Mutter hatte immer viel Angst um mich. Der Kartsport war früher auch noch gefährlicher als heute. Es wurde einiges getan für die Sicherheit. Meine Mutter hat auch mitgeholfen, die Mark-Sauter-Stiftung zu gründen, um die Sicherheit zu verbessern, zum Beispiel in Form von Brustpanzern. Die hätten Mark das Leben gerettet.

Mike Rockenfeller selbst hatte in seiner Kartzeit nur einen schweren Unfall: Bei einem Überschlag in Oppenrod bei Gießen brach er sich ein Schlüsselbein. //

▼ *Als Familienteam zahlten die Rockenfellers im Kartsport viel Lehrgeld – aber umso mehr lernte „Rocky" dabei*

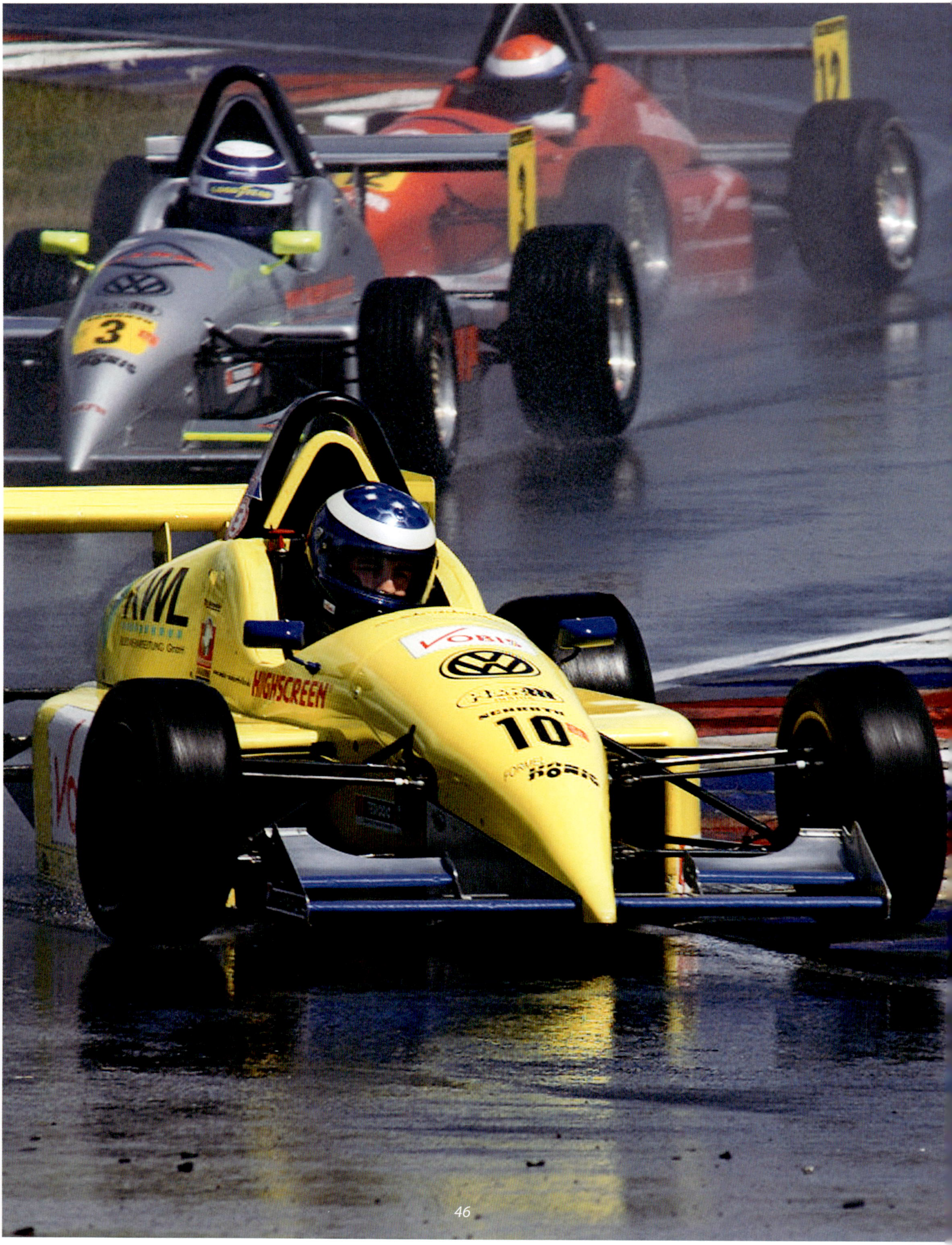
3
HIGHSCREEN
10

Königskind

Eine Saison in der Formel König war die Prämie für den Gewinn des Jörg van Ommen Kart Cup – und für Mike Rockenfeller ein wichtiger Schritt in Richtung Profikarriere. Nach einem Teamwechsel folgten der erste Sieg und ein Anruf, der „Rockys" Leben für immer verändern sollte.

„Mike und ich haben das Auto in unserer Werkstatt komplett zerlegt und neu zusammengebaut."

Helmut Rockenfeller

Die Teilnahme am Jörg van Ommen Kart Cup rechnete sich für Mike Rockenfeller gleich dreifach: Er gewann den Titel, kassierte so viel Preisgeld, dass er das Nenngeld heraushatte und er wurde am Jahresende zu einer Formelsichtung eingeladen. Den Besten winkte eine kostenlose Saison in der Formel König 2001.

Für mich war das die Chance, auch ohne Geld in den Formelsport zu kommen. Deshalb haben wir nichts dem Zufall überlassen. Ich habe in Hockenheim einen Formel Renault getestet, um erste Erfahrung mit einem Rennauto zu sammeln. Auf dem Nürburgring durften alle, die für die Sichtung in Frage kamen, schon einmal einen Formel König fahren – allerdings im freien Fahren mit vielen anderen Autos. Und als feststand, dass die Sichtung in Oschersleben stattfinden würde, haben wir dort für 3.000 Mark einen Test organisiert. Wir haben versucht, das geheim zu halten, weil es zwar nicht verboten, aber doch etwas grenzwertig war. Natürlich hat es sich herumgesprochen und ich glaube, die von Jörg van Ommen waren hin- und hergerissen: Auf der einen Seite fanden sie es gut, dass wir Engagement gezeigt hatten. Auf der anderen Seite nicht so gut, weil wir uns einen Vorteil erarbeitet hatten. Wie auch immer: Ich war bei der Sichtung der Beste und habe die Förderung bekommen.

Das Team, das Jörg van Ommen für die Gewinner der Sichtung ausgesucht hatte, hieß Häckel Motorsport – eine Mannschaft, die Vater und Sohn Rockenfeller nicht überzeugte. „Ich weiß noch, dass ich nachts mit dem Mähdrescher von der Ernte heimgekommen bin", erzählt Helmut Rockenfeller. „Morgens um sechs bin ich mit dem Mike dann zum Nürburgring. Der Transporter des Teams, der dort stand, sah aus wie einer, mit dem man sonst Gemüse ausfährt." Die Autos standen lose im Lkw und hinten gab es keine Rampe, um sie herauszuholen. Das war nicht das, was sich Vater und Sohn, in deren Werkstatt es immer höchst sauber und akribisch zuging, für die erste Saison im Formelsport vorgestellt hatten. Und auch ein Besuch beim Team verbesserte den Eindruck nicht gerade.

Als „Rockys" Formel König zwischen den Rennen der Organisation von Jörg van Ommen auch noch als Testfahrzeug für Kartpiloten dienen sollte, entschied Papa Rockenfeller kurzerhand, einen gebrauchten Formel König bei Timo Rumpfkeil zu kaufen, diesen nach bewährter Kart-Manier in der heimischen Werkstatt in Neuwied komplett zu zerlegen, das Auto neu zusammenzubauen und es dann für den Renneinsatz an Häckel Motorsport zu übergeben.

▼ *Mike Rockenfeller (stehend zweiter von links) und der Formel-König-Jahrgang 2001*

▲ *Das letzte Jahr des Familienteams Rockenfeller: Papa Helmut und Mike kurz vor dem Start auf dem Lausitzring*

Im ersten Rennen in Oschersleben stand der 17-jährige Mike Rockenfeller bei seinem ersten Autorennen gleich auf der Pole-Position, beim zweiten Rennen auf dem Lausitzring wurde er Zweiter.

Ab dem vierten Rennen gaben die Rockenfellers ihr Auto für die verbliebenen fünf Saisonrennen in die Hände von Alex Güttes, der schon den ersten Test mit dem Formel Renault ermöglicht hatte und dem Helmut Rockenfeller vertraute.

Am Ende war ich Vierter der Meisterschaft. Es hätte mehr dabei herauskommen können. Ich hätte vielleicht sogar um die Meisterschaft kämpfen können. Aber ich hatte am Nürburgring einen Reifenschaden und insgesamt drei Nuller in Folge. Damit war die Saison gelaufen. Am Lausitzring hätte ich locker gewonnen, aber der Schalthebel brach. Den haben wir anschließend aus einem anderen Material machen lassen, und er hat dann auch ewig gehalten. Aber für den Lausitzring war es natürlich zu spät. Wie im Kartsport war es wieder einmal etwas, was andere schon wussten, wir aber noch nicht.

Nach der Saison 2002 stand Mike Rockenfeller wieder einmal vor einer ungewissen Zukunft. Er hatte Blut geleckt und wollte nun unbedingt Formel fahren. Güttes bot den Rockenfellers einen Platz in der Formel Renault an – zu jener Zeit, als Kimi Räikkönen von der Formel Renault bei Sauber direkt in die Formel 1 aufstieg. Doch Helmut Rockenfeller sagte: „Alex, so eine Saison kostet 250.000 Mark. Die kriege ich nie zusammen."

Ich habe den neuen Formel Renault 2.0 in Frankreich und auf dem Nürburgring getestet. Das Auto hatte ein sequenzielles Getriebe und war für mich natürlich der Hammer. Güttes hatte ein solches Auto gekauft und das Ziel für 2002 war, dort irgendwie fahren zu können – auch wenn wir null komma null Budget hatten. Auch Jörg van Ommen hat gesagt, er versucht, mir zu helfen. Er hat mir auch die Teilnahme an einem Lehrgang mit der Formel Campus und VW Lupo am Nürburgring vermittelt, um mehr Fahrpraxis zu bekommen. Dann kam plötzlich ein Anruf von Porsche.

Ein Anruf, der Mike Rockenfellers Leben für immer verändern sollte. Am Telefon war TV-Journalist Burkhard Bechtel, der für Porsche seit vielen Jahren als Streckensprecher und Talentscout im Einsatz war. Er fragte „Rocky", ob er an einer Sichtung für das UPS Porsche Junior Team teilnehmen möchte. Zwar wollte Mike inzwischen in die Formel 1. Aber ja sagte er trotzdem. //

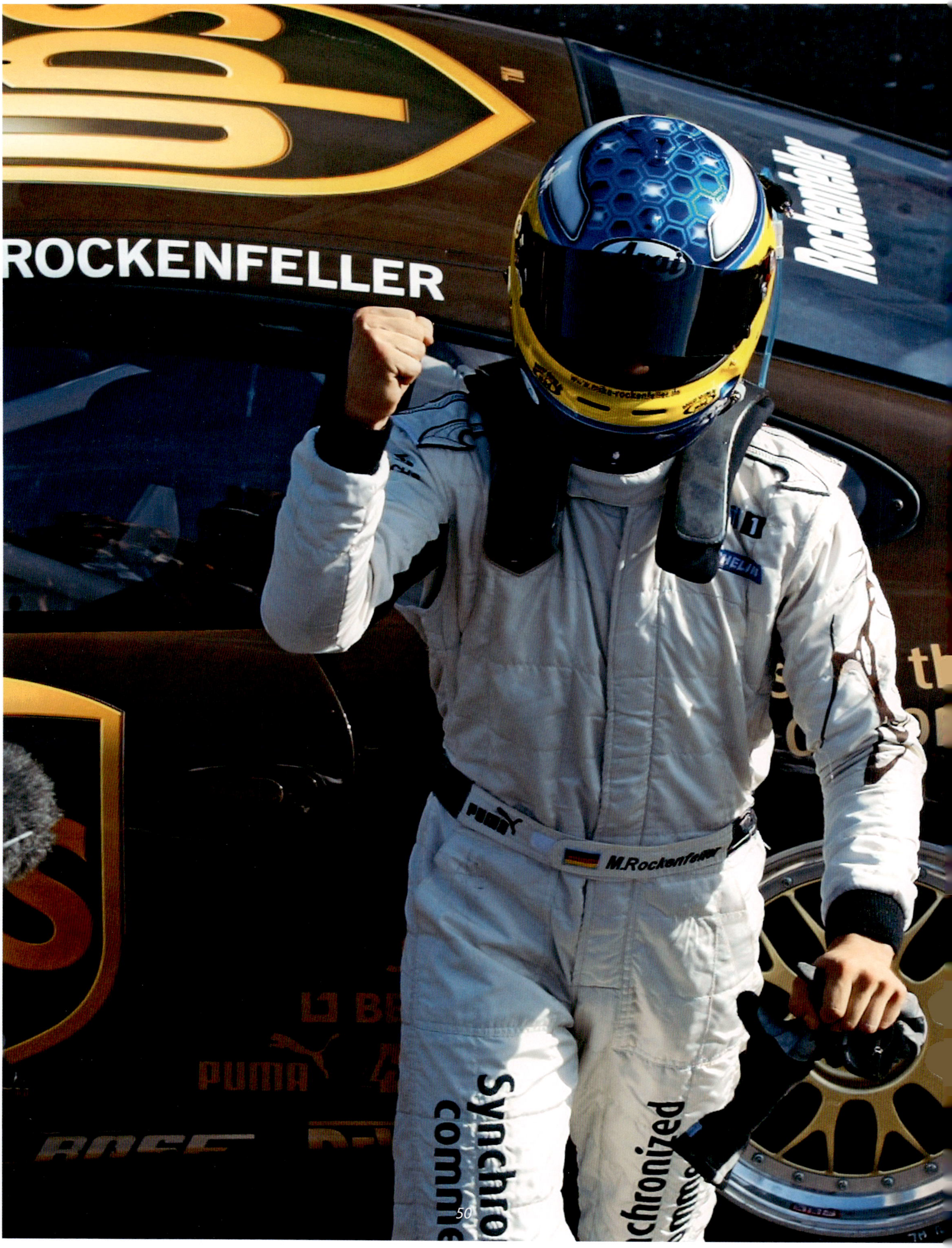
ROCKENFELLER
Rockenfeller
M.Rockenfeller
PUMA

06

Wie ein Sechser *im Lotto*

Von so einer Chance träumen viele junge Rennfahrer. Mike Rockenfeller bekam sie und nutzte sie: Er setzte sich in einer Porsche-Nachwuchssichtung durch und sicherte sich einen Platz im UPS Porsche Junior Team – mit gerade einmal 18 Jahren.

Durch den Jörg van Ommen Kart Cup änderte sich die Einstellung von Mike Rockenfeller zum Thema Motorsport. Er begann davon zu träumen, Rennfahrer zu werden und in die Formel 1 zu kommen. Seine Eltern konnten ihn dabei nur noch bedingt unterstützen. Sie hatten die Kartrennen ihres Sohnes aus eigenen Mitteln finanzieren können. Doch für den Schritt in den Formelsport fehlte das Geld. Beide hatten das Kart auch immer mehr als Hobby gesehen und nie daran gedacht, aus Mike könnte irgendwann ein zweiter Schumacher werden. Sie waren glücklich, als Familienteam durch das Land zu reisen, freuten sich über jeden kleinen Erfolg und legten Preisgelder, die „Rocky" bei den Rennen gewann, in ein kleines Kästchen, das sie „Kartkasse" nannten.

Gleichzeitig achteten sie darauf, dass Mike einen Beruf erlernte. Auf der Realschule war er oft Klassenbester und bekam deshalb problemlos frei für die Kartrennen. Während seine Schulkameraden an den Wochenenden Party machten und in die Discos zogen, fuhr „Rocky" Kart. Vielleicht ist er deshalb auch heute noch so bodenständig. „Er war nie ein Partygänger", sagt Anne Rockenfeller. „Für ihn war es nicht schlimm, dass er an den Wochenenden nicht mit seinen Freunden in die Discos gehen konnte."

Mit 17, während der Saison in der Formel König, begann er eine Lehre. Ursprünglich wollte er diese in einem 400 Meter vom Elternhaus entfernten Autohaus machen. Doch sein Vater war dagegen: „Es hätte Probleme gegeben, weil Mike wegen der Rennerei so oft weg musste. Deshalb hat er bei uns im eigenen Betrieb angefangen, mit ganz normalen Arbeitszeiten wie der Geselle, den wir hatten."

Die Entscheidung, zu Hause die Lehre zu machen, war nicht einfach. Ich hatte das Praktikum im Autohaus Heinemann gemacht und es wäre sicher gut gewesen, auch während der Ausbildung einmal etwas anderes zu sehen. Aber da war auf der anderen Seite der Rennsport und ich wusste genau: Bei meinem Vater kann ich zu den Tests und zu den Rennen. Er unterstützt mich voll. Ich kann vom ersten Tag an voll mitarbeiten und muss nicht ein Jahr

▲ *Mike Rockenfeller war gerade 18 geworden, als er erstmals im Porsche saß*

◀ *Im ersten Jahr zahlte Mike Rockenfeller im Porsche Carrera Cup viel Lehrgeld*

lang erst einmal Autos waschen oder andere Sachen machen. Bei meinem Vater habe ich Zahnriemen gewechselt, die Bremsen gemacht, Auspuffe geschweißt – Dinge, an die meine Mitschüler erst im dritten Jahr ran durften, und das noch unter Aufsicht. Ich war dagegen voll integriert. Es wäre in so einem kleinen Betrieb wie unserem auch gar nicht gegangen, jemanden anzustellen, der nichts machen kann.

Mike war ein hervorragender Lehrling und schloss die Prüfung als Innungsbester ab. Weil er sich auf den Motorsport konzentrieren wollte, fragte er um Erlaubnis, die Lehre um ein halbes Jahr zu verkürzen. Weil er so gut war, bekam er grünes Licht und war nach zwei Jahren fertig mit der Ausbildung zum Kraftfahrzeug-Mechaniker.

Handwerklich konnte mir auf der Berufsschule keiner etwas vormachen. Schweißlehrgänge und alles, was du dort machst, kannte ich schon von klein auf. Und es hat mir echt Spaß gemacht. Das war eine super Zeit. In meinem letzten Ausbildungsjahr war ich dann schon Porsche-Werksfahrer, kam mit einem Porsche Boxster auf den Schulhof gefahren und habe neben den Lehrern geparkt. Aber das war okay, ich war in dieser Hinsicht immer zurückhaltend und habe mit dem Auto nie angegeben. Meine Klassenkameraden wussten natürlich, was ich mache. Es war eine angenehme, gemischte Klasse. Da waren auch deutlich ältere Leute dabei, die schon einmal eine Ausbildung gemacht hatten. Ich musste eigentlich nie großartig etwas für die Berufsschule tun – das war einfach mein Thema, in dem ich mich wohlfühlte.

Parallel zur Lehre kam die Motorsport-Karriere des Mike Rockenfeller so richtig in Fahrt. Nach der ersten Saison im Formelsport war „Rocky" klar, dass er in Richtung Formel 1 wollte. Gemeinsam mit seinem Vater machte er sich auf die Suche nach Sponsoren für die Formel Renault. Bei Axel Güttes in Ahrweiler stand ein nagelneuer Formel Renault 2.0 für die Saison 2002 bereit. Doch dann kam der Anruf von Porsche.

Burkhard Bechtel erklärte mir am Telefon, dass er mich in der Formel König beobachtet hätte. Er war bei den Veranstaltungen der Beru Top 10 vor Ort und hat für Porsche nach jungen Talenten gesucht, die für das Junior-Team in Frage kamen. Porsche hat eigentlich immer Leute eingeladen, die nicht ganz vorne fuhren in der Meisterschaft, so wie ich – ich war am Ende ja nur Vierter. Sie haben sich Leute rausgepickt, die eher nicht so viel Geld hatten und für kleinere Teams fuhren. Ein gutes Prinzip. Aber ganz ehrlich gesagt war ich damals von der Idee nicht so begeistert, im Carrera Cup zu fahren. Das war gar nicht mein Thema – ich wollte ja in die Formel 1 kommen. Es war also eher so, dass ich mir gesagt habe: Naja, da gehst du mal hin und dann werden wir schon sehen. Wir haben parallel versucht, weiter Sponsoren für die Formel Renault zu finden.

Während der Kartzeit hatten sich die Rockenfellers mit den Lands angefreundet. Wolfgang Land hatte ein Team im Porsche Carrera Cup. Die Söhne fuhren zusammen mit „Rocky" Kart und das eine oder andere Mal durften die Kinder mit zur DTM, in deren Rahmen der Porsche Carrera Cup ausgetragen wurde, und auf der Tribüne zuschauen.

Vater Helmut erinnerte sich daran, dass einer der Söhne von Wolfgang Land zwei Jahre zuvor ebenfalls zu einer Sichtung für das UPS Porsche Junior Team eingeladen geworden war. So bekam „Rocky" von Jochen Land und dessen Vater nützliche Informationen zum Ablauf einer solchen Sichtung und wertvolle Tipps, worauf zu achten war.

Ich konnte mir überhaupt nicht vorstellen, was da auf mich zukam. Die Sichtung bei Jörg van Ommen war einfach gewesen: Da musstest du einfach fahren und wer schnell war, der wurde genommen. Aber bei Porsche war das ganz anders, da ging es nicht

▶ *Das UPS Porsche Junior Team mit „Rocky" und Marc Lieb im Jahr 2002*

▶ *Mit Carrera-Cup-Manager, Mentor und Förderer Helmut Greiner und Timo Bernhard*

▶ *Geplant war eigentlich der Wechsel in die Formel Renault – der Anruf von Porsche veränderte alles*

▶ *Starkes Duo: „Rocky" und sein neuer UPS-Junior-Teamkollege Patrick Long aus den USA*

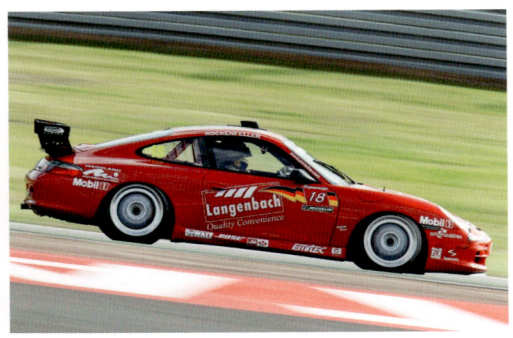

◀ *Gasteinsatz für Eichin Racing im Supercup – und der Beweis, dass das Auto keine Krücke ist*

nur um das reine Fahren. Wir sind also zu Jochen Land und seinem Vater und haben uns das erklären lassen. Jochen hat mir auf DVD Onboardaufnahmen seiner Sichtung gezeigt und Wolfgang hat mir erklärt, die stellen allgemeine Fragen und er würde sich an meiner Stelle genauer über Porsche informieren. Ich war 17 und wusste praktisch gar nichts – noch nicht einmal, wo Weissach lag.

Teil eins der Sichtung fand bei Willi Dungl statt – jenem berühmten österreichischen Fitnessguru, der Niki Lauda 1976 nach seinem Feuerunfall auf dem Nürburgring wieder fit machte und das Thema Fitness im Motorsport auf eine ganz neue Ebene brachte. Er verstarb im Mai 2002, kurz nachdem Mike Rockenfeller gemeinsam mit fünf anderen Nachwuchstalenten in Dungls Biotrainings-Zentrum in Gars am Kamp durchleuchtet worden war.

Der junge Mike Rockenfeller setzte sich also am frühen Morgen in seinen Fiat Bravo und fuhr nach Weissach. Von dort ging es mit einem VW Bus weiter nach Österreich. „Rocky" hatte sich dank der Tipps von Wolfgang und Jochen Land so gut wie möglich in die Motorsport-Geschichte von Porsche eingelesen, die aktuellsten Verkaufszahlen im Kopf und sich auch über das Junior-Team informiert. Er war gut vorbereitet auf die Interviews und Tests und auch körperlich in Form. Beim Fitnesscheck ging es um Ausdauer, Gesundheit, Reaktionsvermögen und Daueraufmerksamkeit. In der Theorie waren – wie erwartet – Kenntnisse zu Porsche, Sportgesetz, Fremdsprachen und Medien gefragt. Da merkte er erstmals, dass es sich doch gelohnt hatte, in der Schule aufzupassen ...

Auf einmal wurde ihm klar, welche große Chance er da bekam und was es bedeutete, Werksfahrer bei einem Werk mit einer so großen Motorsport-Tradition wie Porsche werden zu können.

Ich war angefixt und sagte mir: Ey, toll, Porsche – das ist ja der Wahnsinn! Genau das möchte ich!

Nach der ersten Runde im Auswahlverfahren reduzierte sich der Kreis der Kandidaten von sechs auf vier. Rockenfeller war einer von ihnen. Er hatte bei Cup-Chef Helmut Greiner und den anderen Juroren einen guten Eindruck hinterlassen und wurde zum zweiten Teil der Sichtung nach Italien eingeladen. Auf der Rennstrecke von Misano bei Rimini standen Testfahrten im Porsche 911 GT3 Cup auf dem Programm. Dabei ging es Porsche nicht nur um den reinen Speed, sondern auch um das gemeinsame Arbeiten mit den Ingenieuren an der Fahrwerksabstimmung, einen ständigen Verbesserungsprozess beim Fahren und die Konstanz der Rundenzeiten über eine halbe Renndistanz.

„Weissach? Wo bitte liegt Weissach? Porsche war für mich mit 17 nicht existent."

Mike Rockenfeller

▲ Schon im zweiten Jahr ist der Titel im Porsche Carrera Cup zum Greifen nahe

Rockenfellers schärfster Konkurrent war Richard Lietz. Der Österreicher hatte schon Rennen im Porsche Supercup absolviert, kam aus der Formel 3 und hatte einen klaren Erfahrungsvorsprung. „Rocky" indes saß erstmals in einem Rennauto mit Dach. Anders als im Jahr zuvor in der Formel König hatte man es nicht gewagt, heimlich zu testen. Zu groß war die Angst, dass das von Porsche negativ ausgelegt worden wäre.

Nach Misano ging es wieder mit dem VW Bus ab Weissach. Am Steuer saß Helmut Greiner, der Verantwortliche des Junior-Teams, der über die Jahre zu einem engen Vertrauten von Mike Rockenfeller wurde und es auch heute noch ist. Damals saß er mit vier hoffnungsvollen Nachwuchstalenten im Bus, von denen nur einer die große Chance bekommen konnte.

Misano. Porsche 911. Für mich, kaum 18, war das wahnsinnig aufregend. Ich kannte weder das Auto noch die Strecke und hatte die Chance meines Lebens. Der Test ging über zwei Tage und bei der Fahrwerksabstimmung war ich nicht so gut. Da fehlte mir einfach die Erfahrung. Der Ingenieur hat mich zum Beispiel gefragt, was machst du, wenn der Stabi so oder so ist. Im Kart war das ganz anders als im Rennauto. Aber Porsche wusste, dass ich der Jüngste der vier Kandidaten war und kaum Erfahrung hatte. Ich glaube, das war ein Pluspunkt für mich. Und ich war schnell.

„Die Auswahl war wirklich schwierig", erklärte Carrera-Cup-Manager Helmut Greiner, als Porsche im Dezember die Entscheidung bekannt gab. „Alle Kandidaten lagen in ihren Leistungen sehr dicht beieinander. Den Ausschlag zugunsten Mike Rockenfellers gab dann letztendlich die Tatsache, dass er sehr schnell und nahezu fehlerfrei ein hohes Level erreichte, wobei Mike mit bisher erst acht gefahrenen Autorennen mit der geringsten Erfahrung im Rennauto zu dieser Sichtung kam."

Zurück aus Misano in Weissach, sprang „Rockys" Fiat Bravo erst einmal nicht an, weil es in Deutschland geschneit hatte. In Neuwied begann dann die Zeit des Wartens und Zitterns.

Mittlerweile war es Dezember und ich wusste immer noch nicht, was ich 2002 machen würde. Ich wurde allmählich nervös. Wir haben etwas herumtelefoniert, mit Porsche, den anderen Eltern. Aber es war nichts herauszubekommen. Dann sagte uns Helmut Greiner, wir sollten auf die Motor Show nach Essen kommen. Dort würde er mit uns sprechen. Ich wusste noch immer nicht, ob ich genommen werden würde oder nicht. Die Mama hat gesagt, zieh

Auf dem Weg zum Titel: Porsche Carrera Cup 2004 in Zandvoort

dir ein Jackett zur Jeans an, damit du ordentlich aussiehst, und dann bin ich mit meinem Vater nach Essen gefahren und zum Porsche-Stand gegangen. Wir haben uns mit Helmut Greiner hingesetzt und einen Kaffee getrunken. Dann hat er gesagt: Junge, pass auf, wir haben uns für dich entschieden, du bekommst einen Vertrag für ein Jahr. Das war einer der schönsten Momente in meinem Leben. Es war ein tolles Gefühl zu hören, du wirst unser neuer Junior, du bekommst den Vertrag. Es ist eine unheimliche Last von mir abgefallen. Und dann habe ich erst einmal meine Mutter angerufen und ihr voller Freude gesagt: Mama, ich bin Porsche-Junior geworden!

„Ich erinnere mich noch gut an den Anruf", sagt Anne Rockenfeller. „Es war samstags. Ich war im Büro und habe geputzt. Dann klingelte das Telefon."

Mit der Mutter fuhr Mike Mitte Dezember dann auch zur traditionellen Porsche-Cup-Feier, in deren Rahmen der neue Porsche-Junior verkündet wurde. Auf dem Weg nach Weissach wurde ihr Kia Rio geblitzt, obwohl in der Einladung auf die Radarfalle hingewiesen wurde – eine kleine Erinnerung an jenen Tag, an dem Mike Rockenfeller im Büro von Helmut Greiner seinen ersten Vertrag als Rennfahrer unterschrieb.

Zu Helmut Greiner hat sich später ein freundschaftliches Verhältnis entwickelt. Er wirkte immer ziemlich entspannt und lässig. Trotzdem hatte ich zunächst einen Megarespekt vor ihm, ich war richtig eingeschüchtert. Wenn du als Fahrer neu bei ihm warst, hatte er eine unnahbare Art. Es war am Anfang nicht einfach, zu ihm eine Beziehung aufzubauen. Aber wir sind immer sehr gut miteinander klargekommen und noch heute befreundet. Inzwischen arbeitet er nicht mehr als Leiter des Carrera Cup bei Porsche, sondern als Motorsport-Berater für den Volkswagen-Konzern.

Erster Teamkollege von Mike Rockenfeller im UPS Porsche Junior Team wurde Marc Lieb, der drei Jahre älter war als „Rocky" und bereits seine dritte Saison im Porsche Carrera Cup in Angriff nahm.

Ich hatte ein gesundes Selbstbewusstsein und habe mir gesagt: Marc Lieb? Kein Problem, mit dem wirst du fertig. Dann kam der erste Test mit den neuen Cup-Autos in Monza und ich war zwei Sekunden langsamer als Marc. Da wusste ich nicht mehr, wo oben und unten ist. Ich dachte wirklich, ich schlag ihn, denn bei der Sichtung in Misano, bei der Lucas Luhr der Referenzfahrer war, war ich schnell. Aber Marc hat mir in der Saison 2002 erst einmal gezeigt, wie man so ein Cup-Auto fährt.

Renningenieur im Junior-Team war Owen Hayes, der für „Rocky" über die Jahre eine ähnlich wichtige Bezugsperson wurde wie Helmut Greiner.

Die Sichtung in Misano war noch auf dem Auto von Timo Bernhard absolviert worden. 2002 kam eine neue Version des 911 GT3 Cup und im Fahrerlager bestand immer der Generalverdacht, die Porsche-Junioren würden technisch bevorteilt.

Wir hatten gutes Material, keine Frage. Aber soweit ich das beurteilen kann, wurde im UPS Porsche Junior Team nie betrogen. Das wäre aus Porsche-Sicht auch undenkbar gewesen, weil das Junior-Team bei den anderen Teams natürlich sehr unbeliebt war. Ich kann das auch verstehen, denn als zahlende Kunden mussten sie quasi gegen das Werk fahren. Aber was ich ungerecht fand, war die Behauptung, wir Junioren würden ständig in Weissach testen. Ich kann nur sagen, ich bin zu meiner Junior-Zeit keinen einzigen Tag in Weissach gefahren. Die einzigen Tests, die wir gefahren sind, waren die Supercup-Tests zu Saisonbeginn.

Der Schritt aus der Formel König in den Cup-Porsche war groß. Das Auto war viel schwerer, bewegte sich viel, hatte ABS und eine sehr spezielle H-Schaltung. Mike Rockenfeller verschaltete sich am Anfang häufig, zerstörte Kupplungen und überdrehte Motoren. Die erste Saison war hart und lehrreich. Fast das ganze erste Jahr über bewegte er sich zwischen Platz acht und zwölf. Nach Qualifying und Rennen saß der 18-Jährige oft völlig fertig und mit Tränen in den Augen im Teamzelt. Er hatte Angst, nach nur einem Jahr bei Porsche wieder auf der Straße zu stehen.

Erschwerend kam hinzu, dass Marc Lieb Meister wurde und es auch Rennen gab, bei denen sich die beiden Junioren gegenseitig in die Quere kamen. Spielberg zählte dazu. Dort fuhr „Rocky" im Qualifying hinter seinem Teamkollegen her, um sich dessen Linie abzuschauen. Doch Lieb fühlte sich dadurch gestört und stand in der Startaufstellung hinter dem Lehrling.

▼ *Starkes Jahr: 2004 macht „Rocky" als Porsche-Junior sein Meisterstück*

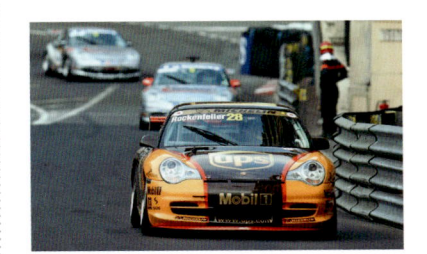

„2004 habe ich den Carrera Cup und das Supercup-Rennen in Monaco gewonnen – das waren schöne Erfolge."

Mike Rockenfeller

◀ *Etwas Besonderes für jeden Rennfahrer: ein Sieg in Monaco*

▲ *Erinnerung an den (missglückten) ersten Versuch in Monaco 2003*

Im Regen in Zolder bekam Lieb Aquaplaning und krachte „Rocky" kurz vor Rennende ins Heck. Helmut Greiner schlichtete in solchen Situationen, empfahl seinen beiden Junioren, locker zu bleiben und ein Glas Rotwein zu trinken.

Trotz der Zwischenfälle hatten Marc und ich kein schlechtes Verhältnis. Er fuhr 2002 in einer anderen Liga und um die Meisterschaft, ich eher im Mittelfeld. Ich war sehr mit mir selbst beschäftigt und hatte irgendwo diese Existenzangst, die ich aus der Kartzeit und der Formel König kannte. Ich hatte ja nur einen Vertrag für ein Jahr. Nach der Saison hat Owen Hayes dann alles ausgewertet und dann war schnell klar, dass ich einen neuen Junior-Vertrag bekomme – dieses Mal für zwei Jahre. Ich habe im Winter ein Praktikum bei Porsche in Weissach gemacht und mitgeholfen, ein GT2-Auto für ein Kundenteam aufzubauen. Dadurch konnte ich mich noch besser ins Team integrieren. Ich bekam ein ganz anderes Standing bei meinen Mechanikern.

Marc Lieb erhielt als Champion einen Vertrag als Porsche-Werksfahrer und „Rocky" mit Patrick Long einen neuen Teamkollegen. Der war schon 21 und eigentlich kein klassischer Juniorkandidat, aber Porsche wollte unbedingt einen Amerikaner im Junior-Team haben. Long lebte allein in England, war älter und reifer als Rockenfeller. Doch für Long war es die erste Saison im Cup, für „Rocky" die zweite. Damit stand Mike unter dem Druck, seinen Teamkollegen schlagen zu müssen, was ihm auch in der Regel gelang. Auf dem A1-Ring, auf dem er im Jahr zuvor das Erlebnis mit Marc Lieb hatte, feierte er seinen ersten Sieg und bis zwei Rennen vor Saisonende hatte „Rocky" gute Chancen, Meister zu werden.

Doch dann musste der damals 19-Jährige erstmals realisieren, dass der Motorsport manchmal auch sehr politisch sein kann – gerade dann, wenn Werke im Spiel sind. Konsequenz: Am Ende „verpasste" er den Meistertitel knapp.

Wäre ich Meister geworden, dann wäre ich raus gewesen aus dem Junior-Team. Und für 2004 konnte mir Porsche noch keinen

Werksfahrer-Vertrag anbieten. Den bekam nämlich Patrick Long, weil er eben Amerikaner war. Das hat mich enttäuscht, denn ein Werksfahrer-Vertrag bei Porsche war ja mein Ziel. Mir haben sie gesagt: Du machst das nächstes Jahr. Aber der Carrera Cup war saugut damals. Da fuhren extrem starke Piloten und ich war mir alles andere als sicher, 2004 wirklich Meister zu werden. Aber ich habe mich schließlich darauf eingelassen und es zum Glück auch geschafft.

In jene Zeit fiel das Supercup-Rennen in Monza, bei dem „Rocky" einen Massencrash auslöste. Rockenfeller und Long starteten aus der ersten Reihe und hatten die Anweisung, es in der ersten Runde ruhig angehen zu lassen und sich nicht zu bekämpfen. „Rocky" gewann den Start, doch in der Schikane kürzte sein Teamkollege ab und übernahm die Führung. Das machte Mike so wütend, dass er in der zweiten Lesmokurve einen Fehler machte und mit Klaus Graf kollidierte.

Danach bin ich mit einem kaputten Reifen weitergefahren und wollte an die Box. Doch dann habe ich in der Ascari-Schikane den Reifen verloren und mich vor dem gesamten Supercup-Feld gedreht. Es gab fünf, sechs Totalschäden, zum Glück nicht die Meisterschaftsführenden. Danach wollten mich viele Teamchefs trotzdem lynchen und auf der Heimfahrt nach Weissach habe ich befürchtet, Porsche schmeißt mich raus.

Rockenfeller durfte bleiben, gewann 2004 den Carrera Cup und das wichtige Porsche-Supercup-Rennen in Monaco, obwohl am Start der Einführungsrunde die Benzinpumpe versehentlich ausgeschaltet war und er beinahe den Vorteil der Pole-Position verlor.

Das waren schöne Erfolge, die „Rocky" für 2005 den ersehnten Werksfahrer-Vertrag bei Porsche einbrachten. Und auch privat war 2004 ein wichtiges Jahr: Zu Hause in Neuwied lernte er Susanne Schaller kennen, seine Lebensgefährtin. Den Sohn auf einer Party bei Freunden erstmals eng umschlungen und küssend mit einer hübschen, jungen Frau zu sehen, war auch für Helmut Rockenfeller ein einschneidendes Erlebnis. Der Junior war endgültig erwachsen geworden. //

▼ *Auf der Pole-Position beim Supercup-Rennen 2004 in Monaco*

BAM
LE MANS Series
IMSA
YES NETWORK
Marc Lieb
stand21
Rockenfeller

Le Mans *mon amour*

2003 schickte Porsche Mike Rockenfeller als Zuschauer nach Le Mans – ab diesem Moment war es „Rockys" großer Traum, einmal selbst in Le Mans zu fahren. Schon 2004 wurde er Wirklichkeit. Und bereits im zweiten Anlauf folgte der erste Klassensieg. Der Beginn einer ganz großen Leidenschaft.

▲ *Ein Traum wird wahr: Mike Rockenfeller im GT2-Porsche in Le Mans*

Mit Le Mans hatte der junge Mike Rockenfeller nichts am Hut. Das änderte sich 2003 schlagartig, als Helmut Greiner seine Junioren mit dem Auto von Weissach nach Le Mans schickte, um das berühmteste Langstrecken-Rennen der Welt zu besuchen.

Ich fuhr also mit Patrick Long und Alex Davison, einem Australier, der von Porsche unterstützt wurde, nach Le Mans. Wir sollten das Rennen, das für Porsche immer besonders wichtig war, kennenlernen. Es war das Jahr, in dem Frank Biela im Audi ziemlich am Anfang ohne Benzin stehengeblieben ist. Das hat sich bei mir eingebrannt. Wir waren in der Stadt, haben während des Rennens die Party im Village genossen und uns alles angeguckt. Ich werde nie vergessen, wie ich nachts mit Alwin Springer, dem damaligen US-Sportchef von Porsche, an der Strecke stand und die glühenden Bremsscheiben gesehen habe. Auf einmal war es mein großer Traum, einmal in Le Mans zu fahren.

Dieser Traum wurde im Jahr darauf bereits Wirklichkeit. Porsche verfolgte schon damals das Prinzip, seine Werksfahrer und Junioren Kundenteams zur Verfügung zu stellen. Marc Lieb und Mike Rockenfeller landeten im BAM!-Team, das einen Porsche 911 GT3 RSR in der GT2-Kategorie für Leo Hindery einsetzte, einen reichen amerikanischen Geschäftsmann, der sein Geld mit dem Yes Network verdiente – dem größten nationalen Sport-TV-Sender, der sich ganz auf die New York Yankees konzentrierte.

Hindery war ein klassischer Gentleman-Fahrer und in Le Mans auf eine Runde 20 Sekunden langsamer als Lieb und Rockenfeller. Aber er ermöglichte „Rocky" den ersten Start bei den berühmten „24 Heures" und ein Jahr später sogar den ersten Klassensieg.

Bereits 2004 hätte ein gutes Ergebnis herausspringen können, doch am Sonntagmorgen blieb der blau-silberne Porsche mit einem Getriebeschaden liegen.

2005 startete Rockenfeller für BAM! regelmäßig in der American Le Mans Series. Es gab viele Probleme mit den Yokohama-Reifen, die sich auflösten. Im Qualifying gelang „Rocky" hin und wieder ein Highlight, doch im Rennen war man chancenlos.

Entsprechend hielt sich die Begeisterung zunächst in Grenzen, dass er und Lieb in Le Mans erneut mit Leo Hindery und BAM! an den Start gehen sollten.

Jörg Bergmeister, Patrick Long und Timo Bernhard fuhren ein werksunterstütztes Auto mit Michelin-Reifen. Wir rechneten uns mit unserem Paydriver nichts aus, doch am Ende waren die Yokohama-Reifen super in Le Mans – kein Vergleich zur ALMS. Roland Kussmaul hat uns damals bei der Abstimmung geholfen. Seine Erfahrung war sehr wertvoll. Und auch mit einer Koryphäe wie Norbert Singer in Le Mans zusammenzuarbeiten, ein Mann alter Schule, war fantastisch.

„Rocky" stellte den Porsche in der GT2-Klasse sensationell auf die Pole-Position und auch im Rennen ließen es die beiden Porsche-Junioren so richtig fliegen. Mike für zwölf Stunden, Lieb elf, Leo Hindery nur eine. Mikes Vater sprach zwar kaum Englisch, aber er erklärte dem Team immer wieder, warum Hindery gerade jetzt nicht ins Auto dürfte.

Der Leo hat uns fast schon leid getan. Er stand immer fix und fertig da und dann haben wir ihn nicht ins Auto gelassen. Das war schon etwas schwierig, denn er hat das Ganze ja bezahlt. Auf der anderen Seite zehrt er noch heute davon, Le Mans gewonnen zu haben. Und ohne uns hätte er das nicht geschafft. Er war zweimal im Auto und hat sich dabei einmal halb gedreht. Wäre er nur einmal mehr gefahren, hätten wir nicht gewonnen, denn wir hatten am Ende nur eine Runde Vorsprung auf Jörg, Patrick und Timo. Das Gefühl, im zweiten Jahr in Le Mans gleich ganz oben auf dem Podium zu stehen, war natürlich toll. Aber wenn du so jung bist, dann nimmst du das fast als selbstverständlich hin. Für mich war ganz klar, dass ich auch in Le Mans gewinne. Das klingt im Nachhinein arrogant, aber ich habe mir damals noch keine Gedanken über solche Dinge gemacht, dass einer wie Bob Wollek 20 Mal oder so versucht hat, Le Mans zu gewinnen, es aber nie geschafft hat. Für mich war das damals noch nicht greifbar. Le Mans war für Porsche das wichtigste Rennen des Jahres und wir haben den Klassensieg geholt. Mehr nicht. Marc und ich waren müde und glücklich, auf einem vermeintlich schlechteren Auto gewonnen zu haben. Es gab auch keine große Party. Ich bin noch am Sonntagabend nach Hause gefahren. Aber die Leidenschaft für Le Mans, die ist damals ganz klar entstanden. Und heute weiß ich, wie schwer es ist, dieses Rennen zu gewinnen. //

> **„Ich werde nie vergessen, wie ich nachts mit Alwin Springer an der Strecke stand und die glühenden Bremsscheiben gesehen habe."**
>
> *Mike Rockenfeller*

▼ 2004: der erste Start in Le Mans mit dem BAM!-Team und Marc Lieb

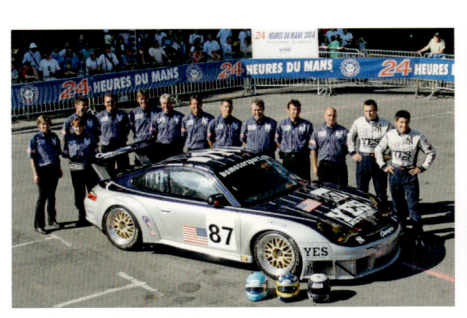

▼ Mit Ingenieur Roland Kussmaul, einem wertvollen Ratgeber in den Porsche-Jahren

ZIC
GT
ZIC
GT CHAMPIONSHIP
MICHELIN
MICHELIN
PUMA
PORSCHE
MICHELIN
GruppeM Racing
MICHELIN
GruppeM Racing
PUMA
PUMA
M.Rockenfeller
ZIC

Global *Player*

Nach drei Jahren Ausbildung im UPS Porsche Junior Team erhielt Mike Rockenfeller von Porsche einen Vertrag als Werksfahrer. Es folgten zwei besonders intensive und erfolgreiche Jahre mit zahlreichen Renneinsätzen auf beiden Seiten des Atlantiks.

▲ Vom Junior zum Werksfahrer: „Rocky" beim Fitness-Training der Porsche-Piloten

Nach drei Jahren als Porsche-Junior wurde Mike Rockenfeller 2005 Porsche-Werksfahrer. Das sah man auch am Dienstwagen: Die Junioren durften damals Porsche Boxster fahren, die Werksfahrer Elfer – nicht nur für einen 21-Jährigen ein absolutes Traumauto.

„Rocky" entschied sich für einen schwarzen 4S mit Sportauspuff und vielen Extras. Er holte das Auto selbst in Weissach ab und war mächtig stolz, Porsche-Werksfahrer zu sein. Neben dem Porsche Carrera Cup und dem Porsche Supercup hatte er in den beiden Jahren zuvor bereits erste Langstrecken-Rennen für Porsche-Kundenteams bestritten: Petit Le Mans, Daytona, Le Mans. Nun sollte es richtig losgehen. Der Youngster wurde von seinem Arbeitgeber auf Weltreise geschickt. Den Wohnsitz verlegte er von Neuwied nach Monaco.

Das erste große Langstrecken-Rennen, das „Rocky" für Porsche fuhr, war Petit Le Mans 2003 in Road Atlanta in den USA. Die Fäden hatte Alwin Springer in der Hand, der aus Deutschland stammende langjährige US-Sportchef von Porsche. Ein Mann mit Charisma und dem Herz auf der Zunge.

Der sagte erst einmal zu mir: Junge, pass mal auf. Ich bin hier der Chef in Amerika. Wenn du etwas kaputt machst, kannst du gleich wieder zum Flughafen fahren – dann schicken wir dich nach Hause. Eine klare Ansage und typisch für Alwin. Ich saß da mit meinen 19 Jahren und dachte nur: okay, alles klar. Das war eine ganz neue Welt für mich. Der 911 GTR3 RSR war technisch viel weiter entwickelt als das Cup-Auto, das ich kannte. Es gab Boxenstopps, Fahrerwechsel, das war eine neue Erfahrung für mich und sehr spannend. Ich fuhr mit Leo Hindery und Peter Baron, zwei gut betuchten Hobby-Rennfahrern. Im Qualifying habe ich das Auto auf abtrocknender Strecke fast auf die Pole gestellt und auch im Rennen lief es gut. Leider hat rund eine Stunde vor dem Ziel das Getriebe gestreikt. Aber es war eine tolle Erfahrung und auch Alwin Springer war zufrieden. Er hat gesehen: Der Junge kann was und macht nichts kaputt.

Im Januar 2004 startete Rockenfeller für Flying Lizard Motorsport bei den 24 Stunden von Daytona – einem Rennen, für das er in der Folge eine ähnliche Leidenschaft entwickelte wie für die 24 Stunden von Le Mans. Bis heute nutzt er jede Gelegenheit, im Januar ein Cockpit für Daytona zu ergattern.

Wir sind Gesamtdritte geworden und Zweite in der GT-Klasse. Ich war in der Schlussphase drei Sekunden pro Runde schneller als der GT-Sieger. Am Ende fehlten nur zwei, drei Sekunden zum Klassensieg. Auf dem Podium hätte ich heulen können, denn schon damals gab es für die Sieger in Daytona eine Rolex. Was ich zu diesem Zeitpunkt nicht wusste: Ich war bei der TV-Übertragung auf dem Speedchannel ständig im Bild, weil ich es mit meiner Aufholjagd so spannend gemacht hatte. Man hat permanent über mich gesprochen. Es war erst mein zweites Rennen in Amerika, aber schon hatte ich mir in der US-Szene einen Namen gemacht – das habe ich erst später realisiert und dann auch verstanden, warum an der Box bei Flying Lizard alle so happy waren. Ich fand

▶ Weltenbummler mit Wohnsitz in Monaco: Zwei Jahre lang wohnte „Rocky" in einem Einzimmer-Appartement

◀ Bei der FIA-GT-Meisterfeier Ende 2005 mit Marc Lieb

es einfach nur doof, auf dem Podium zu stehen und keine Uhr zu bekommen …

Es folgte der erste Start mit BAM! in Le Mans 2004 und 2005 dann das erste komplette Programm, das aus der FIA-GT-Meisterschaft und der American Le Mans Series bestand. Den Vertrag als Werksfahrer für 2005 und 2006 hatte „Rocky" selbst ausgehandelt – ohne seinen Vater, ohne einen Manager. Es gab auch nicht viel zu verhandeln. Nach dem Titelgewinn im Porsche Carrera Cup war er einfach froh, einen Werksfaher-Vertrag zu erhalten, der zudem auch noch berücksichtigte, dass er eigentlich schon 2004 den Aufstieg vom Junior- zum Werksfahrer verdient gehabt hätte. Mit Hartmut Kristen gab es bei Porsche zwar einen neuen Sportchef, doch der stand zu dem Wort, das Herbert Ampferer und Helmut Greiner ihrem Junior 2003 beim denkwürdigen Gespräch in Zandvoort gegeben hatten.

Der Vertrag war der Hammer für mich. Werksfahrer bei Porsche zu werden, war ein großer Schritt in meiner Karriere. Schon im Junior-Team konnte ich mich erstmals in meiner Karriere ganz auf das Fahren konzentrieren. Nur im ersten Junior-Jahr hatte ich noch Sorge, ob es weitergeht. Aber ab dem zweiten Jahr musste ich nie mehr Angst haben, dass ich nicht mehr antreten kann, wenn etwas kaputtging – so war das ja während meiner Kartzeit und ein wenig auch noch in der Formel König. Durch die Sicherheit, die mir der Porsche-Werksvertrag bot, war ich völlig frei im Kopf.

Der belastende Druck, nie zu wissen, wie es weitergeht, war weg. Wenn etwas kaputtging, wurde es einfach neu gemacht. Fertig.

Rockenfeller und Marc Lieb, sein erster Teamkollege im Porsche Carrera Cup, wurden 2005 von Porsche auf den GT2-Titel in der FIA-GT-Meisterschaft angesetzt, die überwiegend in Europa ausgetragen wurde. Dazu kamen am Saisonende Rennen in China, Dubai und Bahrain. Mit dem Briten Tim Sudgen und dem Franzosen Emmanuel Collard bekamen sie zwei starke Teamkollegen, mit denen sie um den Titel kämpften.

Ehrlich gesagt war die GT2-Klasse in der FIA-GT-Meisterschaft in jenem Jahr schwach besetzt. Unsere Teamkollegen im zweiten Auto waren richtig schnell, aber sonst gab es nicht viel Tolles. Deshalb bewerte ich den GT2-Titel in der Saison 2005 nicht so hoch. Unser Ziel war es, unsere Teamkollegen zu schlagen. Das haben wir geschafft. Wir haben die Meisterschaft gewonnen und ich war erstmals in der großen Welt, um Motorsport zu betreiben. Aber Marc und ich haben uns immer geärgert, dass die FIA GT2 ein Jahr später deutlich besser besetzt war als 2005.

Lieb/Rockenfeller und Collard/Sudgen fuhren für das Team GruppeM Racing. Der Besitzer war ein Chinese, aber das Team hatte seinen Sitz in England. Auch die meisten Teammitglieder waren Engländer. Alles gute Leute, die heute zum Teil bei LMP-Teams arbeiten. GruppeM wurde von Porsche unterstützt und war 2005 das stärkste Team in der FIA GT2. Ein Highlight

▶ *Der erste internationale Titel: GT2-Champion in der FIA GT Championship mit Marc Lieb und dem Porsche 911 GT3 RSR des GruppeM-Teams*

▶ *Eine Zeit, an die sich „Rocky" besonders gern erinnert (nicht wegen der Umbrella Girls): American Le Mans Series und GRAND-AM in den USA*

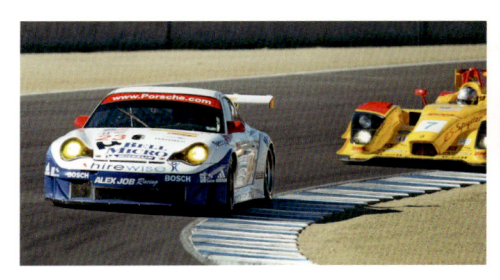

▲ Im GT2-Porsche von Alex Job, dahinter der LMP2, den er lieber gefahren wäre

▲ Mit Kumpel Lucas Luhr beim 12-Stunden-Rennen in Sebring

▲ Comeback im Porsche: Petit Le Mans 2010 im Hybrid-911er

war der Klassensieg beim 24-Stunden-Rennen in Spa-Francorchamps, bei dem Lieb und Rockenfeller durch Lucas Luhr unterstützt wurden.

Die GruppeM-Truppe war wirklich top. Wobei ich nur den Auftritt an der Rennstrecke beurteilen kann, denn ich habe das Team in England nie besucht. Ich bin ja in meiner Porsche-Zeit für viele verschiedene Teams gefahren wie BAM!, Flying Lizard oder Alex Job Racing. GruppeM war ganz klar eines der besten Teams, das Porsche damals hatte.

Wie alle Porsche-Werksfahrer, die an Kundenteams ausgeliehen wurden, genoss Mike Rockenfeller zudem die Unterstützung routinierter Ingenieure. Im Porsche Carrera Cup arbeitete er eng mit Owen Hayes zusammen, auf den Rockenfeller noch heute große Stücke hält.

Owen war einer der besten Ingenieure, die ich je hatte. Er war top, superakribisch und hatte immer einen Minutenplan. Bei Penske hat er später in der LMP2 einen RS Spyder betreut. Heute ist er bei Porsche in Nordamerika der technische Leiter für den Kundensport. In der FIA GT war oft auch der Norbert Singer dabei. Er hat uns betreut und war praktisch der Lead-Ingenieur des Teams. Es war eine tolle Erfahrung, als junger Fahrer mit so einer Legende arbeiten zu können. Ich habe von ihm unheimlich viel gelernt und gleichzeitig ist er mir mit Respekt begegnet. Das fehlt mir heute manchmal bei jungen Ingenieuren, die gerade von der Uni kommen und alles besser wissen – sie glauben nur ihrem Computer und hören nicht auf das, was wir Fahrer spüren. Norbert Singer war noch von der alten Schule und ich bin Porsche dankbar, dass ich das mitnehmen durfte. Auch heute noch haben wir ein sehr gutes Verhältnis. Inzwischen arbeitet er ja als Berater für den ACO in der WEC. Auch von Roland Kussmaul halte ich sehr viel. Er war einer der Ingenieure, die uns Werksfahrer bei den Kundenteams unterstützten, und war bei Porsche für die Entwicklung der Rennautos verantwortlich. Er hat später auch gesagt: Bleib bei Porsche, geh nicht zu Audi, schon gar nicht in die DTM. Er hat mir vieles von dem prophezeit, wie es nachher auch gekommen ist. Aber damals wollte ich das nicht hören. Trotzdem fand ich es toll, wie offen wir gesprochen haben, zumal ich mit Roland Kussmaul nicht ganz so viel zu tun hatte wie die anderen Porsche-Werksfahrer. Bei mir waren es mehr Norbert Singer und eben Owen Hayes.

In der FIA-GT-Meisterschaft gewannen „Rocky" und Marc Lieb 2005 sechs der elf Rennen. Neunmal in Folge standen die beiden auf dem Podium. Nur beim vorletzten Rennen in Dubai kamen sie nicht ins Ziel. Parallel dazu startete Rockenfeller mit wechselnden Teamkollegen für BAM! in der American Le Mans Series. Anders als beim GT2-Sieg in Le Mans funktionierten die Yokohama-Reifen in den USA überhaupt nicht. Erfolgserlebnisse gab es eigentlich nur im Qualifying. Die einzigen drei Podiumsplatzierungen gelangen in Sonoma, Mosport und Laguna Seca jeweils mit Wolf Henzler als Teampartner.

Insgesamt bestritt Rockenfeller in seinem ersten Jahr als Porsche-Werksfahrer nicht weniger als 26 Rennen. Dazu zählte auch der erste Einsatz mit einem Prototyp bei den 24 Stunden von Daytona – der sich allerdings zu einem absoluten Desaster entwickelte.

Zusammen mit Romain Dumas und Timo Bernhard fuhr ich einen Fabcar-Porsche bei Brumos Racing. Hurley Haywood saß mit auf dem Auto und auch der Sohn von Jim France. Im Training hat sich der Timo überschlagen, als das Gas hängen blieb. Im Rennen sind nach dem Wechsel die Bremsklötze rausgefallen und es gab wieder einen heftigen Unfall. Marc Lieb ist damals als einziger Porsche-Werksfahrer in der GT-Klasse gefahren. Erst war er enttäuscht darüber, aber am Ende ist er als Einziger von uns mit einer Rolex nach Hause geflogen – wir dagegen haben mit dem Fabcar überhaupt nichts gerissen.

„Ich bin schon immer gerne Rennen in den USA gefahren und habe mir dort auch einen guten Namen gemacht."

Mike Rockenfeller

▶ *2006 saß Mike Rockenfeller in Daytona in einem überlegenen Auto – aber es brach dreimal eine Antriebswelle. 2010 klappte es mit dem nicht zum Favoritenkreis zählenden Porsche von Action Express*

▲ *Ein Karriere-Highlight: Sieger der 24 Stunden Daytona 2010*

2006 sollte „Rocky" mit Patrick Long die gesamte GRAND-AM mit einem Daytona Prototype bei Alex Job Racing bestreiten und parallel dazu, beim selben Team, aber mit wechselnden Teamkollegen und einem GT2-Auto, die American Le Mans Series. Das waren 23 Rennen in Amerika, teilweise sogar mit Terminkollisionen: Houston überschnitt sich mit Phoenix, Mosport mit Salt Lake City. „Rocky" flog hin und her und war nach den beiden Wochenenden völlig platt.

Trotz der vielen Einsätze in Amerika und der Zeitverschiebungen flog er zwischen den Rennen immer wieder nach Europa zurück. Das brachte ihm unendlich viele Flugmeilen und den HON-Circle-Status bei der Lufthansa ein – mit 22 Jahren ...

Häufig kam auch das Gepäck nicht an, aber irgendwann hast du dich sogar gefreut, weil es dann von der Lufthansa Gutscheine in Höhe von 150 oder 200 Dollar gab. Das war ein gutes Geschäft, denn das Gepäck kam dann ja meistens am nächsten Tag. Ich habe eine Menge erlebt in der Zeit in den USA. Auf einem Inlandsflug haben sie einfach mal unser Gepäck nicht mitgenommen, weil das Flugzeug überladen war – und das Ding hatte noch nicht einmal eine Toilette. Wir waren in New York, Zocken in Las Vegas ... Und auf dem Weg nach Lime Rock dachte ich, ich hätte mich im Dunkeln in der Pampa verfahren. Mein Handy hatte keinen Empfang, ich hatte kein Navi und keine Karte. Die Gestalten, die ich an einer Tankstelle nach dem Weg gefragt habe, sahen recht dubios aus. Ich war froh, als ich endlich in meinem Hotelbett lag. Meine Eltern und die Susanne hatten sich auch schon Sorgen gemacht.

Für Rockenfeller war die Zeit mit Porsche in den USA eine der Schönsten seiner bisherigen Karriere. Das kann auch Lebensgefährtin Susanne Schaller bestätigen: „Er war total locker drauf und es war schön zu sehen, wie unbeschwert er von den Rennen zurückkam. Das sollte später bei Audi vor allem in der DTM ganz anders werden. Da war mehr Politik im Spiel und Mike musste auch außerhalb der Rennen viel mehr kämpfen."

Die Saison 2006 begann mit dem 24-Stunden-Rennen in Daytona. Mit dem Crawford-Porsche von Alex Job Racing und Emory Motorsports belegten „Rocky", Patrick Long und Lucas Luhr den dritten Gesamtrang.

Daytona hätten wir gewinnen müssen – und zwar ganz locker. Wir waren viel schneller als alle anderen. Zweimal ist eine Antriebswelle kaputtgegangen, trotzdem sind wir noch Dritter geworden. Ich glaube, wir haben 15 Runden aufgeholt und waren drei Sekunden pro Runde schneller als die Konkurrenz. Der Crawford-Porsche ging zu Saisonbeginn wie die Hölle, was natürlich in erster Linie am Reglement lag.

Nach einem Entwicklungsjahr mit Brumos Racing im Jahr zuvor unterstützte Porsche Motorsport North America in der Saison 2006 insgesamt vier Teams, die den 3,8-Liter-Sechszylinder-Boxer basierend auf dem Porsche 911 GT3 in ihren Daytona Prototypes einsetzten. Porsche hatte den kleinsten Motor im Feld und durfte entsprechend mit weniger Gewicht an den Start gehen als die Konkurrenz von Ford, Lexus und Pontiac.

In den ersten vier Rennen feierten Long und Rockenfeller zwei Siege in Homestead und Virginia. Dazu ein zweiter Platz in Long Beach und der dritte Platz in Daytona. Die beiden fingen an, vom Titelgewinn zu träumen. Doch die Freude währte nicht lange: Die Porsche-Teams wurden von der GRAND-AM in der Folge massiv eingebremst. Bei den nächsten vier Rennen kamen Long/Rockenfeller kein einziges Mal in die Top Ten. Für das letzte Saisondrittel wurde die Einstufung wieder etwas günstiger und „Rocky" hatte vor dem Finale noch theoretische Chancen auf die Meisterschaft. Den Titel sicherte sich am Ende der ehemalige Porsche-Werksfahrer Jörg Bergmeister mit einem Riley-Ford. Rockenfeller beendete die Saison auf Platz fünf.

In der American Le Mans Series reichte es mit den wechselnden Teamkollegen nur zum achten Platz in der GT2-Klasse.

▼ *Drei Sekunden pro Runde schneller als die Konkurrenz und trotzdem nur Dritter: Daytona 2006 bei Alex Job Racing*

Dafür suchte er dort immer mehr den Kontakt zu Audi und der LMP1-Klasse. Schon für die Saison 2006 hatte er von den Ingolstädtern ein Angebot erhalten, DTM und Le Mans zu fahren – mit einem LMP1. Porsche ließ ihn nicht vorzeitig gehen, doch für 2007 war der Wechsel vorprogrammiert.

Entsprechend erlebte Mike Rockenfeller das Jahr 2006, in dem er auch das 24-Stunden-Rennen auf dem Nürburgring gewann, in dem vollen Bewusstsein, dass es sein vorläufig letztes für Porsche sein würde.

Ich war enttäuscht, dass ich bei Porsche nicht in das LMP2-Programm mit dem RS Spyder eingebunden war und entwickelte mich vom Kopf her in diesem Jahr immer weiter in Richtung Audi. Mit dem halbherzigen Programm in der ALMS kam ich mir auch etwas verschaukelt vor. Ich fand mein 2006er-Programm damals nicht so toll. Aber heute würde ich rückwirkend sagen, das war ein gutes Programm. Mit Patrick Long hatte ich in der GRAND-AM ja wirklich einen starken Teampartner. Porsche hat eigentlich alles getan, um mich zu halten – inklusive eines Einsatzes im RS Spyder am Saisonende in Road Atlanta.

Nach dem Wechsel zu Audi riss der Kontakt zu Porsche nie ganz ab. Und so kam es Ende 2010 zu einem kurzen Comeback, als die drei Le-Mans-Sieger Timo Bernhard, Romain Dumas und Mike Rockenfeller Petit Le Mans in Road Atlanta außer Konkurrenz mit einem Porsche 911 GT3 Hybrid bestritten.

Nach Daytona kehrte „Rocky" auch nach seiner Porsche-Zeit immer wieder zurück. Und 2010, im Jahr des Le-Mans-Triumphes, gelang ihm auch in Florida endlich der lang erhoffte Gesamtsieg.

Ich fuhr gemeinsam mit Terry Borcheller, João Barbosa und Ryan Dalziel bei Action Express, einem damals ziemlich unbekannten Team. Terry Borcheller wurde während des Rennens krank, sodass wir im Prinzip zu dritt gefahren sind. Gegen Ende ging die Kupplung kaputt und wir mussten mit dem Anlasser losfahren. Auch das Gas blieb ein paarmal hängen. Trotzdem haben wir es geschafft, das Rennen ganz knapp gegen das eigentlich stärkere Team von Chip Ganassi zu gewinnen, das kurz vor Schluss einen taktischen Fehler gemacht hat. Ich sah den Sieg in Daytona aufgrund der vielen kleinen Probleme schon wieder wegrennen. Als wir gewonnen hatten, war das ein sehr emotionaler Moment – eigentlich noch emotionaler als der Sieg in Le Mans, weil es für mich Anfang 2010 das Ende einer sportlichen Durststrecke war. Und ich konnte dem Team helfen und viel Input geben. Wir hatten Spaß und hätten nie damit gerechnet zu gewinnen, denn im Training ging gar nichts. Ich war dann Donnerstagabend mit Lucas Luhr essen, der wie wir einen Riley fuhr. Er hat mir erzählt, dass sie am Anfang ähnliche Probleme hatten, ihr Auto nach einem Umbau der Fahrwerkskinematik aber fantastisch lief. Ich habe das meinem Team erzählt und wir haben das Auto für das Rennen quasi blind umgebaut, denn ein Warm-up gab es nicht. Und zack, das Auto ging im Rennen wie die Sau.

Für Mike Rockenfeller war es der erste Rennsieg seit seinem Wechsel zu Audi. Lucas Luhr freute sich mit seinem Kumpel, der endlich seine Rolex bekam.

Ohne den unfreiwilligen Tipp von ihm hätten wir das Auto nicht umgebaut und nie und nimmer gewinnen können, weil wir zu langsam gewesen wären. So habe ich Daytona gewonnen und das hat mir Motivation und Selbstbewusstsein zurückgegeben. Ich habe gespürt, dass ich es noch kann, wenn ich das richtige Auto habe. In der DTM konnte ich das in den drei Jahren davor nicht zeigen. Und 2008 habe ich gemeinsam mit Alexandre Prémat zwar die LMS gewonnen, aber auch kein Rennen. Deshalb war dieser Sieg in Daytona 2010 für mich so mega und hat noch heute einen unheimlich großen Stellenwert für mich. Abgesehen davon, dass ich schon immer gerne in den USA Rennen gefahren bin und mir dort auch einen guten Namen gemacht habe.

Deshalb kehrt Mike Rockenfeller immer wieder gerne nach Daytona und nach Amerika zurück und könnte sich durchaus vorstellen, irgendwann wieder einmal eine ganze Saison in den USA zu bestreiten. //

> **„Ich bin in einem Jahr so oft in die USA geflogen, dass ich den HON-Status bei der Lufthansa erreicht habe."**
>
> *Mike Rockenfeller*

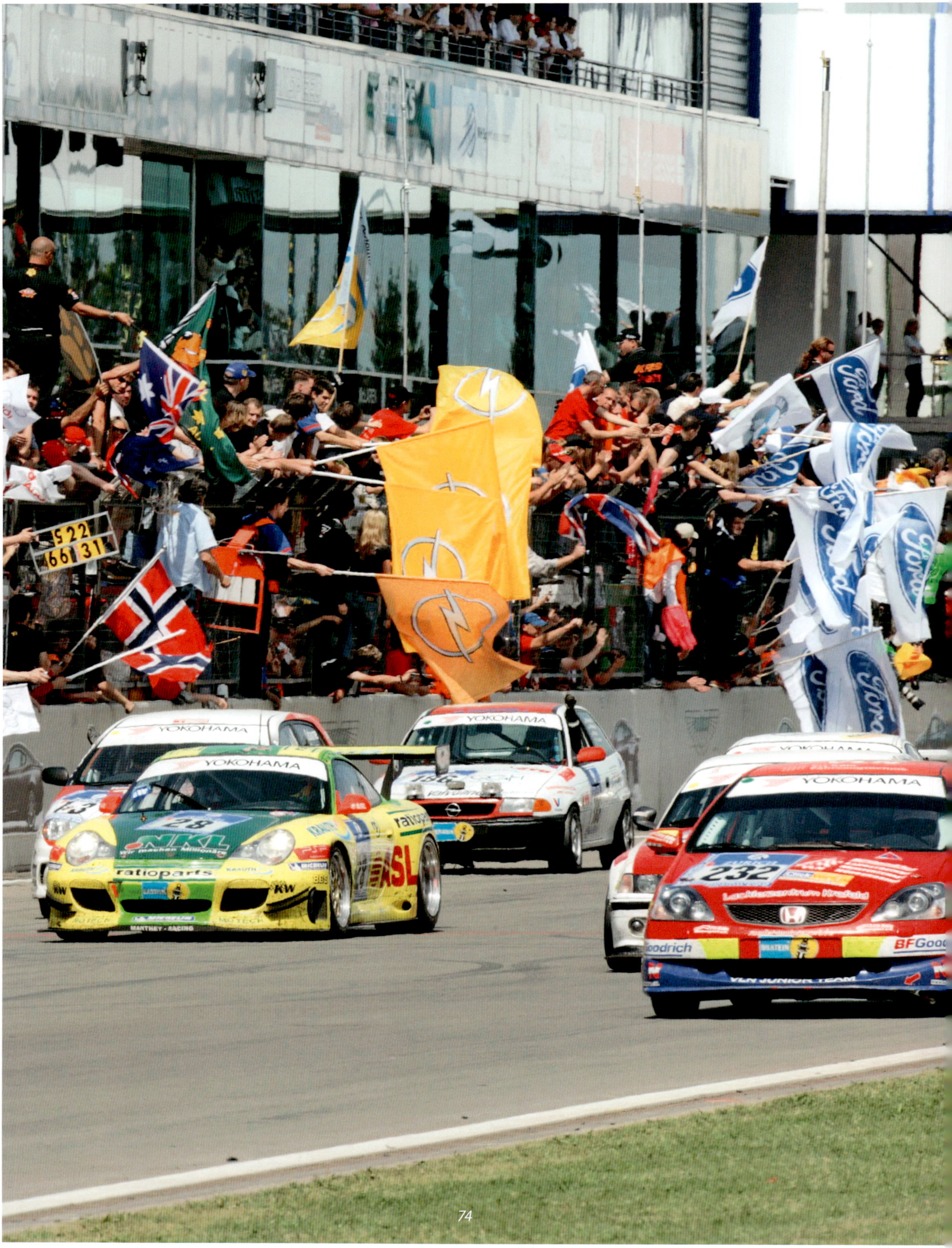
YOKOHAMA
28
ratioparts
ASL
232
BFGoo

/ 09

Von wegen *Hölle*

Jackie Stewart bezeichnete die Nürburgring-Nordschleife als „Grüne Hölle". Mike Rockenfeller liebt die längste Rennstrecke der Welt und würde dort gerne ein DTM-Rennen fahren. Beim 24-Stunden-Rennen stand er 2006 schon einmal ganz oben auf dem Siegerpodest. 2009 hätte es fast ein zweites Mal geklappt.

Der Nürburgring ist die Heimstrecke von Mike Rockenfeller. Sie liegt nur 45 Autominuten von seinem Elternhaus in Neuwied entfernt. Wenn er dort Rennen fährt, kommen ihn immer besonders viele Freunde und Fans besuchen. Und die Nordschleife ist seine absolute Lieblings-Rennstrecke.

Für den Führerschein mit 16 wurde „Rocky" etwas zu früh geboren. Er musste warten, bis er 18 war. Im Oktober 2001 war es soweit.

Mein Fahrlehrer war sehr speziell. Obwohl er wusste, dass ich Rennen fuhr, als Achtjähriger schon mit dem VW Käfer über den Hof gefahren bin und mit 16 den nicht ganz unkomplizierten Traktor-Führerschein gemacht hatte, ist er mit mir bei der ersten Fahrstunde doch echt auf einen Platz gefahren und hat gesagt, ich sollte das Anfahren üben. Ich dachte, das kann doch jetzt nicht wahr sein. Ich bin also zwei-, dreimal angefahren und dann hat er gemerkt, dass ich das wirklich schon kann. Der Rest ging dann recht flott, aber natürlich habe ich alle Pflichtstunden gemacht.

Eine der ersten Fahrten führte Rockenfeller mit seinem blauen Fiat Bravo, den er nur drei Monate fuhr, ehe er von Porsche den ersten Dienstwagen bekam, auf die Nordschleife – mit Winterreifen.

Die Winterreifen fanden das nicht so toll und die Bremsen und Antriebswellen auch nicht. Die waren danach kaputt. Ich hab sie in der Werkstatt dann halt neu gemacht. Aber die Erfahrung auf der Nordschleife war es mir wert. Sie ist meine Lieblingsstrecke und genießt eine absolute Sonderstellung. Sie ist ja keine normale Strecke. Ich weiß, dass mich viele für verrückt halten, aber mein Traum ist und bleibt ein DTM-Rennen auf der Nordschleife. Das wäre in meinen Augen genau das Richtige für die Fans.

▼ 24 Stunden Nürburgring 2006: Sieg im Manthey-Elfer

▼ 24 Stunden Nürburgring 2009: lange Zeit in Führung beim Debüt des Audi R8 LMS

Es gibt auch andere Rennstrecken, die Mike Rockenfeller schätzt.

In Europa ist Spa ganz sicher eine tolle Strecke. Zandvoort war auch immer eine schöne Strecke im DTM-Kalender – und das nicht, weil ich dort mein erstes DTM-Rennen und meinen ersten DTM-Titel gewonnen habe. Le Mans hat zwei, drei besonders reizvolle Abschnitte, zum Beispiel die Porsche-Kurven, die abartig schnell sind. Auch die Schikanen sind wegen der Spurrillen mit einem LMP1 eine Herausforderung. In Amerika finde ich vor allem Elkhart Lake und Laguna Seca besonders reizvoll. Auch Strecken wie Bahrain und Istanbul in der FIA GT haben Spaß gemacht. Aber da fehlt drumherum ein wenig der Charakter. Ich mag die traditionellen Rennstrecken lieber, die keine asphaltierten Auslaufzonen haben. Wenn es ein Kiesbett gibt, dann überlegt sich jeder dreimal, wie schnell er in eine Kurve fährt. Ich würde mir wünschen, dass Fehler auf den Rennstrecken trotz aller Sicherheit, die wir natürlich brauchen, mehr bestraft werden – auf der Nordschleife ist das der Fall.

Den ersten Sieg auf seiner Heimstrecke feierte Mike Rockenfeller 2003 beim Porsche Supercup im Rahmen des Formel-1-Grand-Prix. Allerdings auf dem Grand-Prix-Kurs. Auf seinen ersten Einsatz auf der längsten und schwierigsten

◀ *Der Nürburgring ist Mike Rockenfellers Heimstrecke und die Nordschleife seine große Leidenschaft (neben Le Mans)*

Rennstrecke der Welt, die Jackie Stewart als „Grüne Hölle" titulierte, musste er bis zum dritten Lehrjahr warten. Sein erstes Rennen in der VLN-Langstreckenmeisterschaft beendete er 2004 gleich auf dem Podium. 2005 gelang ihm der erste von zwei Siegen in der VLN und 2006 der erste Triumph beim 24-Stunden-Rennen auf dem Nürburgring – einer der größten Motorsport-Veranstaltungen Deutschlands, bei der „Rocky" immer wieder gerne startet.

Den ersten Einsatz beim Langstrecken-Klassiker auf der Nordschleife absolvierte Rockenfeller 2005 beim Team von Wolfgang Land, mit dessen Söhnen er gemeinsam Kart gefahren waren und die ihm Tipps für die Porsche-Sichtung gegeben hatten. Leider kam für Rockenfeller, Marc Lieb und Marc Basseng das vorzeitige „Aus" nach 16,5 Stunden.

2006 unterstützte Porsche den Einsatz von Olaf Manthey beim 24-Stunden-Rennen werksseitig. 24 Mal hatte der ehemalige DTM-Pilot vergeblich versucht, das Rennen als Fahrer oder Teamchef zu gewinnen. Im 25. Anlauf sollte es nun endlich klappen.

Olaf Manthey hatte ein eigenes Auto für die VLN und das 24-Stunden-Rennen entwickelt, den 911 GT3-MR. „MR" stand für Manthey Racing. Am Ring wurde das grün-gelbe Auto „Der Dicke" genannt, weil er dicke Kotflügelverbreiterungen hatte. Manthey erhielt erstmals verstärkte Unterstützung von Porsche. Aus Weissach kam ein über 500 PS starker, hochdrehender, 3,8 Liter großer Sechszylinder. Einige Komponenten des Autos stammten bereits vom neuen GT2-Auto des Werks, das einige Wochen später von Manthey Racing beim 24-Stunden-Rennen in Spa eingesetzt wurde. Dazu zählte auch eine Traktionskontrolle. Das Auto war hammerschnell: Auf der Döttinger Höhe haben wir fast 300 km/h geschafft. Wir haben das Auto mit elf Sekunden Vorsprung auf die Pole-Position gestellt. Und auch im Rennen hatten wir eigentlich keine Gegner.

Eigentlich. Auch der 25. Versuch von Olaf Manthey, sein Heimspiel endlich zu gewinnen, verlief nicht reibungslos. Mit Rockenfeller, Timo Bernhard, Lucas Luhr und Marcel Tiemann hatte er eine schlagkräftige Fahrerbesetzung. Michelin lieferte die besten Reifen. Trotzdem gab es zwei Reifenschäden: den ersten kurz nach dem Start, den zweiten am Sonntagmorgen. Beide Male blieben die Reifenschäden aber ohne Folgen und passierten nicht weit von der Box entfernt.

Dann brach der Stabilisator an der Hinterachse. Die Manthey-Crew hängte ihn aus und Timo Bernhard und Mike Rockenfeller waren trotzdem in der Lage, den Vorsprung von zwei Runden auf den zweitplatzierten Alzen-Porsche zu halten.

Doch in den letzten beiden Stunden wurde es noch einmal brenzlig, als sich die Kupplung verabschiedete. Ich fuhr den Schlussabschnitt und musste so wenig schalten wie nur irgendwie möglich. Ich bin Kurven im vierten Gang gefahren, die man eigentlich im zweiten Gang fährt. Doch so haben wir es geschafft, den Vorsprung ins Ziel zu retten und dem Olaf endlich seinen längst überfälligen ersten Sieg am Nürburgring zu bescheren. Und natürlich war es auch für mich ein tolles Erlebnis, dieses Rennen zu gewinnen.

Wäre es ein reiner Porsche-Werkseinsatz gewesen, wäre das Auto vermutlich im Museum gelandet. So startete es drei

Wochen später wieder in der VLN-Langstreckenmeisterschaft und überschlug sich im Streckenabschnitt Kesselchen insgesamt fünfmal. Fahrer Arno Klasen blieb gottlob unverletzt, aber der „Dicke" war Schrott.

Für Mike Rockenfeller bedeutete der Wechsel von Porsche zu Audi Ende 2006 erst einmal den Abschied von der geliebten Nürburgring-Nordschleife. Denn die Ingolstädter hatten kein Auto für das 24-Stunden-Rennen in ihrem Programm und konzentrierten sich auf die DTM und Le Mans.

Das änderte sich, als Ende 2008 auf der Essen Motor Show der Audi R8 LMS präsentiert wurde – ein gezielt für den Kundensport entwickelter GT3-Sportwagen mit Mittelmotor. Um das neue Rennauto potenziellen Kundenteams schmackhaft zu machen, setzte Audi 2009 vier Autos mit Werksunterstützung beim 24-Stunden-Rennen auf dem Nürburgring ein.

Ich war seit meinem Sieg beim 24-Stunden-Rennen 2006 nicht mehr auf der Nordschleife bei einem Langstrecken-Rennen gefahren. Drei Wochen vor dem großen Rennen haben wir als Test ein VLN-Rennen bestritten, die Klasse gewonnen und den zweiten Gesamtrang belegt. Das hat Spaß gemacht. Das Auto hatte auf Anhieb eine gute Basis, war aber noch nicht hundertprozentig zuverlässig. Ich fuhr bei Phoenix Racing, und Teamchef Ernst Moser weiß, wie man ein Auto für ein 24-Stunden-Rennen vorbereiten muss. Mit Marc Basseng und Frank Stippler, der in die Entwicklung des R8 LMS eingebunden war, hatte ich zwei absolute Nordschleifen-Spezialisten als Teamkollegen. Wir wussten, dass wir eine Chance hatten, das Rennen zu gewinnen. Aber bei diesem Rennen kann so viel passieren, deshalb war es schwierig, eine Prognose abzugeben.

Der R8 mit der Startnummer 99 entwickelte sich schnell zu einem Favoriten auf den Sieg. Frank Stippler fuhr den Start, dann war „Rocky" an der Reihe. Nach drei Stunden lag der Phoenix-Audi erstmals an der Spitze des Feldes und verteidigte Platz eins die ganze Nacht hindurch. Nach 16 Stunden hatten Basseng/Rockenfeller/Stippler rund zwei Minuten Vorsprung.

Wir hätten das Rennen gewinnen können, doch nach knapp 17 Stunden bin ich vor dem Karussell mit einem defekten Radlager hinten rechts stehengeblieben. Wir haben sechs Runden verloren und sind am Ende noch Fünfte geworden. Dennoch war die Enttäuschung groß. Trotzdem war es ein schönes Rennen. Ich habe mich bei Phoenix Racing gleich wohlgefühlt. Ich kannte das Team ja aus der DTM als Gegner und mein Vater hatte schon vor meinem ersten Jahr in der DTM gesagt: Fahr bei Phoenix, die sind gut.

2010 und 2013 startete Rockenfeller erneut für Phoenix Racing. 2010 kam das frühe „Aus" durch eine abgerissene Ölleitung. Und 2013 bestritt „Rocky" ähnlich wie in seiner letzten Porsche-Saison 2006 in den USA zwei Rennen an einem Wochenende: die DTM in Brands Hatch und eben das 24-Stunden-Rennen.

Ich kannte solche Doppeleinsätze aus Amerika, aber dieser war schon krass. Ich habe in Brands Hatch gewonnen und bin mit einem Privatflugzeug gemeinsam mit einigen anderen Fahrern zum Nürburgring geflogen. Das Rennen lief schon, als ich ankam, und zwar bei schlechtem Wetter. Ich bin nachts im Dunkeln im Regen erstmals in das Auto gestiegen – ganz ohne Training. Ich hatte vorher nur einen Test gehabt. Das war schon etwas bekloppt und ich würde das so auch nicht mehr machen.

Weil das Rennen wegen des schlechten Wetters lange Zeit unterbrochen werden musste, kam „Rocky" nicht viel zum Fahren. Die Regenreifen waren nicht schnell genug. Am Ende reichte es zu Platz fünf – immerhin als bester Audi.

Missen möchte Mike Rockenfeller solche Erfahrungen trotzdem nicht. Dass er nie die Gelegenheit bekommen hat, ein Formel-1-Auto zu testen, wurmt ihn.

Mit dem Porsche Supercup fuhren wir im Rahmenprogramm der Formel 1. Du warst dort im Fahrerlager und mit 20, 21, 22 noch jung genug. Natürlich habe ich auf die Formel 1 geschielt. Aber es war nicht so, dass ich unbedingt in die Formel 1 wollte. Ich wollte Werksfahrer werden und Langstrecken-Rennen fahren. Aber einen Test mit einem Formel 1 wäre ich gerne einmal gefahren.

Mit der Formel 1 klappte es nicht, dafür durfte „Rocky" einen NASCAR-Test absolvieren. Nur ganz wenige wussten davon.

Das war 2006, noch zu Porsche-Zeiten, auf dem Kentucky Speedway mit Richard Petty Enterprises. Das kam über den Leo Hindery zustande, der mit mir 2005 Le Mans gewonnen hatte. Der kannte die Petty-Familie gut und fragte, ob ich mal so ein Auto fahren wollte. Klar wollte ich. Ich bin erst einmal nach North Carolina, um eine Sitzprobe zu machen. Richard Petty kam persönlich, so wie man ihn kannte: Cowboyhut, Cowboystiefel, Kautabak, immer in den Becher spuckend. Eine Legende. Ein paar Tage später kam dann der Test im Oval. Es lief immer besser, ehe vorne rechts der Reifen geplatzt ist und ich gegen die Bande gefahren bin. Dabei wurde das Auto beschädigt und der Test war beendet. Es war eine coole Erfahrung und ich könnte mir durchaus vorstellen, mal NASCAR zu fahren.

Dieser Traum könnte realistischer sein als ein DTM-Rennen auf der Nordschleife ... //

„Ich weiß, dass mich viele für verrückt halten, aber mein Traum ist und bleibt ein DTM-Rennen auf der Nordschleife."

Mike Rockenfeller

Verbotene *Liebe*

Zu gerne wäre Mike Rockenfeller schon in der Saison 2006 den Porsche RS Spyder gefahren – den neuen LMP2-Sportwagen der Stuttgarter. Doch er musste lange betteln, um wenigstens einmal testen zu dürfen. Kurz vor seinem Wechsel zu Audi ergab sich doch noch die Chance zu einem Renneinsatz mit seinem Traumauto.

◀ Ein defekter Tank verhinderte beim einzigen Rennen, das Rockenfeller mit dem RS Spyder fuhr, einen Sieg

Ende 2005 debütierte in Laguna Seca der RS Spyder – Porsches LMP2-Sportwagen, in den sich Mike Rockenfeller sofort verliebte. Dieses Auto wollte er unbedingt fahren, doch Porsche hatte andere Pläne.

Ich war erfolgreich in der Saison 2005: Ich habe die FIA GT gewonnen und Le Mans. Doch für das Programm mit dem RS Spyder wurde ich nicht berücksichtigt. Zunächst nicht einmal für einen Test. Das konnte ich nicht verstehen und ich war damals sehr ungeduldig.

Rockenfeller lag seinem Sportchef Hartmut Kristen so lange in den Ohren, bis er Anfang 2006 in Sebring zumindest ein paar Testrunden drehen durfte.

Das war der Hammer. Ich kam mir vor wie in einem Formel 1: offenes Auto, Abtrieb, Kohlefaserbremsen, Wippenschaltung am Lenkrad. Es hat irre Spaß gemacht.

Spätestens ab diesem Test war „Rocky" klar, dass er einen Le-Mans-Prototyp fahren wollte. Während Porsche weiter zögerte, flatterte ein Angebot von Audi auf den Tisch, die DTM und Le Mans zu fahren. Letzteres mit einem LMP1.

Dass ihr Ex-Junior mit den Vier Ringen flirtete, war in Weissach bekannt. Und so bot man ihm entgegen ursprünglicher Pläne an, Ende 2006 als dritter Fahrer anstelle von Patrick Long Petit Le Mans in Road Atlanta zu fahren. Und für 2007 einen festen Platz im Spyder-Programm.

Ich habe mit offenen Karten gespielt, denn man sieht sich im Leben ja immer zweimal und ich bin Porsche bis heute dankbar für all das, was ich dort lernen durfte. Ich habe gesagt: Ich fahre Petit Le Mans, aber das ist unabhängig von meiner Entscheidung für die Zukunft. Ich durfte auf einer Privatstrecke von Penske testen und bin dann das Rennen gefahren. Zwar war der RS Spyder schnell, aber 2006 leider noch sehr anfällig. Deshalb mussten Lucas Luhr und Sascha Maassen bis zuletzt um den LMP2-Titel kämpfen. Es war cool, mit Roger Penske zu arbeiten und ihn live zu erleben. Es war ein gutes Rennen, auch wenn der Tank kaputtgegangen ist und Romain Dumas nach dem Fahrerwechsel komplett im Sprit saß. Trotzdem haben Romain, Lucas Luhr und ich Platz zwei in der LMP2 geholt. //

▶ Mit Renningenieur Owen Hayes, den er schon aus Carrera-Cup-Zeiten kannte

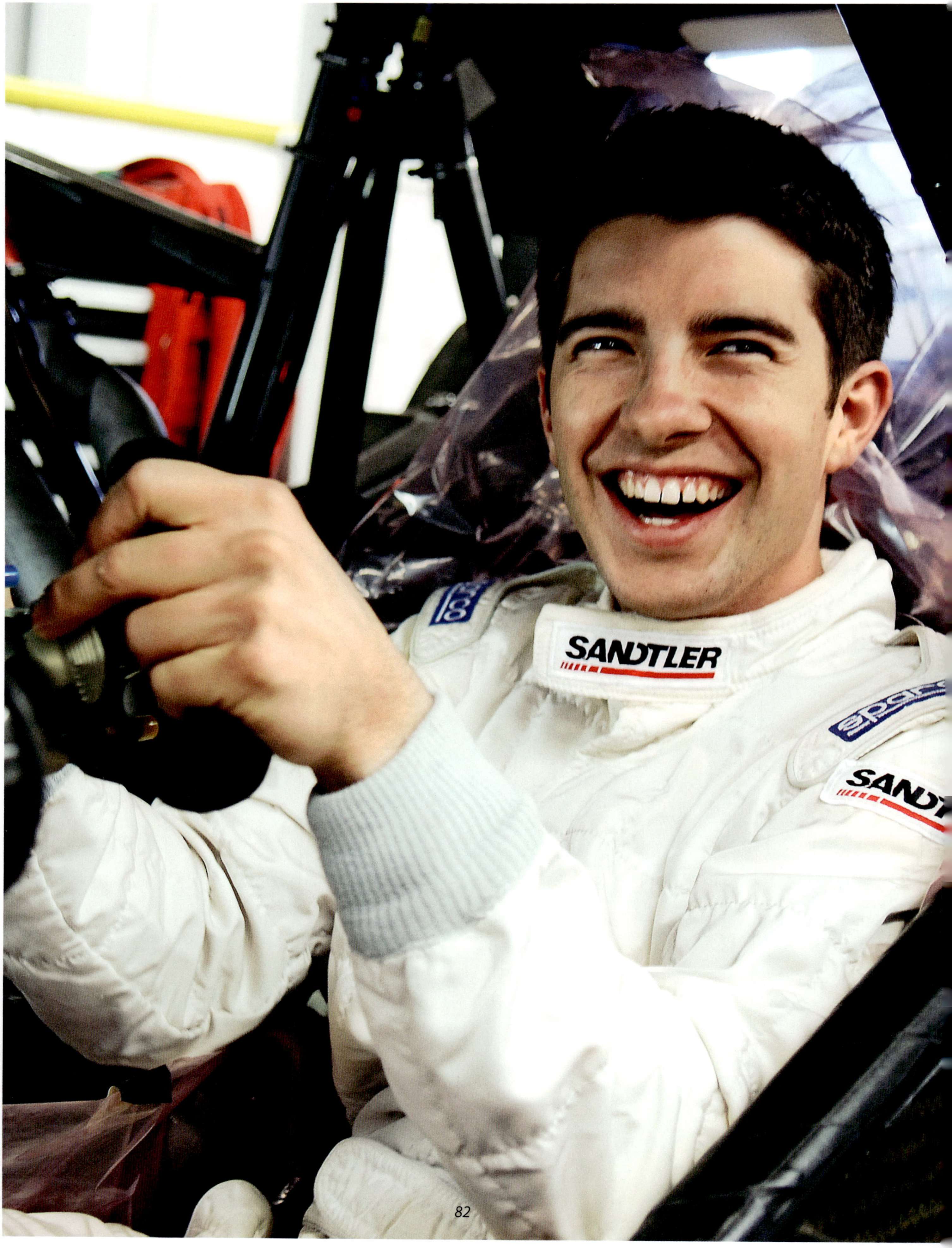
SANDTLER

Ein großer Schritt

Die Entscheidung, Porsche zu verlassen und zu Audi zu wechseln, fiel Rockenfeller nicht leicht. Doch die Aussicht, gleichzeitig DTM und Le Mans fahren zu können, war einfach zu verlockend. So folgte er Ende 2006 dem Ruf aus Ingolstadt und wurde Audi-Werksfahrer.

Mike Rockenfeller war mit 18 zu Porsche gekommen und fühlte sich wohl in Weissach. Doch dass er nicht sofort in den Fahrerkader für das LMP2-Programm mit dem neuen RS Sypder kam, wurmte ihn. Nicht einmal testen durfte er anfangs. Stattdessen bekam der Mann, den er 2003 im Porsche Carrera Cup klar im Griff gehabt hatte, sofort einen Platz im RS Spyder, zumindest als dritter Fahrer: Patrick Long.

Longs Vorteil: Er war Amerikaner und das Einsatzgebiet des RS Spyder war in der American Le Mans Series. Und er war älter als „Rocky", der mit seinen gerade einmal 22 Jahren noch alle Zeit der Welt hatte, vom GT-Auto zu den Prototypen zu wechseln. Das war zumindest die Meinung bei Porsche.

Doch ich war ungeduldig, habe das damals nicht so gesehen und nicht verstanden, warum ich 2006 nicht den RS Spyder fahren durfte, nachdem ich die FIA GT und Le Mans gewonnen hatte. Zudem hatte ich erstmals in meiner Karriere mit Walter Mertes einen Manager, über den der Kontakt zu Audi zustande kam. Und er drängte mich auch ein wenig in Richtung Audi.

Das Angebot der Ingolstädter war zudem überaus verlockend: DTM und Le Mans gleichzeitig. Audi hatte mit dem R8 die Prototypen-Szene seit dem Jahr 2000 dominiert und 2004 auch die DTM beim werksseitigen Comeback auf Anhieb gewonnen. Audi stand für Erfolg. Und „Rocky" wollte Erfolg.

Er schrieb dem damaligen Porsche-Chef Wendelin Wiedeking einen Brief mit der Bitte, ihn vorzeitig aus dem Vertrag zu entlassen, der noch bis Ende 2006 lief. Wiedeking lehnte nach Rücksprache mit seinem Sportchef Hartmut Kristen ab und so musste „Rocky" noch ein Jahr bei Porsche bleiben. Den für ihn im Audi-DTM-Fahrerkader reservierten Platz bekam Timo Scheider.

Ich habe Audi gesagt: Ich kann erst 2007 kommen. Bei Porsche hatte man nun natürlich gemerkt, was los ist. Man stellte mir für 2007 einen Platz im RS Spyder in Aussicht und machte mir ein Angebot, das finanziell besser war als das von Audi. Aber mir ging es nicht ums Geld, mir ging es um die Perspektive. Bei Audi hatte ich die Chance, die DTM zu gewinnen und in Le Mans um den Gesamtsieg zu kämpfen. Beides konnte Porsche mir nicht bieten, obwohl sie bis

▼ *Audi-Motorsportchef Dr. Wolfgang Ullrich holte Rockenfeller Ende 2006 zu Audi*

▲ Porsche-Sportchef Hartmut Kristen ließ Rockenfeller nicht vorzeitig gehen

▲ Ende 2006 wechselten Rockenfeller und Buddy Lucas Luhr gemeinsam zu Audi

hoch zu Wolfgang Dürheimer, dem damaligen Entwicklungschef, alles versucht haben, mich zu halten. Vielleicht wäre ich bei Porsche geblieben, wenn ich damals keinen Manager gehabt hätte. Aber ich war auch ungeduldig und wollte einfach zu Audi. Von außen betrachtet sah alles toll aus. Auch die DTM.

So wechselte Mike Rockenfeller im Dezember 2006 im Doppelpack mit seinem langjährigen Freund Lucas Luhr von Porsche zu Audi. Auf der traditionellen Cup-Feier in Weissach wurden beide verabschiedet. Am nächsten Tag gab Audi die Verpflichtung der nun ehemaligen Porsche-Piloten bekannt. Für Rockenfeller war es ein großer Schritt. Weg von der familiären Atmosphäre zu einem riesigen Unternehmen wie Audi.

Ich bin bei Audi anfangs durch eine harte Schule gegangen. Das wäre nicht so gewesen, wenn ich mit mehr Erfahrung gekommen wäre. Im Nachhinein betrachtet wären 2007 und 2008 bei Porsche für mich besser oder zumindest entspannter und einfacher gewesen. Man soll ja nie zurückschauen und sagen, wenn ... aber ich glaube, das Spyder-Programm hätte mir in meiner Entwicklung gutgetan. Ich habe mich im Auto wohlgefühlt und hatte nach den fünf Jahren bei Porsche natürlich einen ganz anderen Rückhalt als ein Newcomer bei Audi. Penske hat zudem parallel zur ALMS auch IndyCar gemacht. Du weißt nie, was sich daraus entwickelt hätte. Aber rückwirkend betrachtet hat sich für mich der Wechsel zu Audi ja als richtig erwiesen, auch wenn die ersten Jahre extrem hart und frustrierend waren.

Unsicher, ob er die richtige Entscheidung getroffen hatte, wurde Rockenfeller zum ersten Mal Anfang 2007 beim Audi-Fitnesstraining auf der Sonnenalp in Ofterschwang.

Schon 2006 hätte „Rocky" für Audi starten können. Doch Porsche entließ ihn nicht vorzeitig aus seinem Vertrag.

Da saß ich mit meinen neuen Fahrerkollegen im Whirlpool und der Frank Biela fragte fünfmal: Wie kann man nur bei Porsche weggehen und in die DTM wechseln? Da habe ich mir schon gedacht: Was ist das denn? Als die ersten Tests kamen, da wurde mir schon ein bisschen mehr klar, was er meinte. Aber da war es dann schon zu spät. //

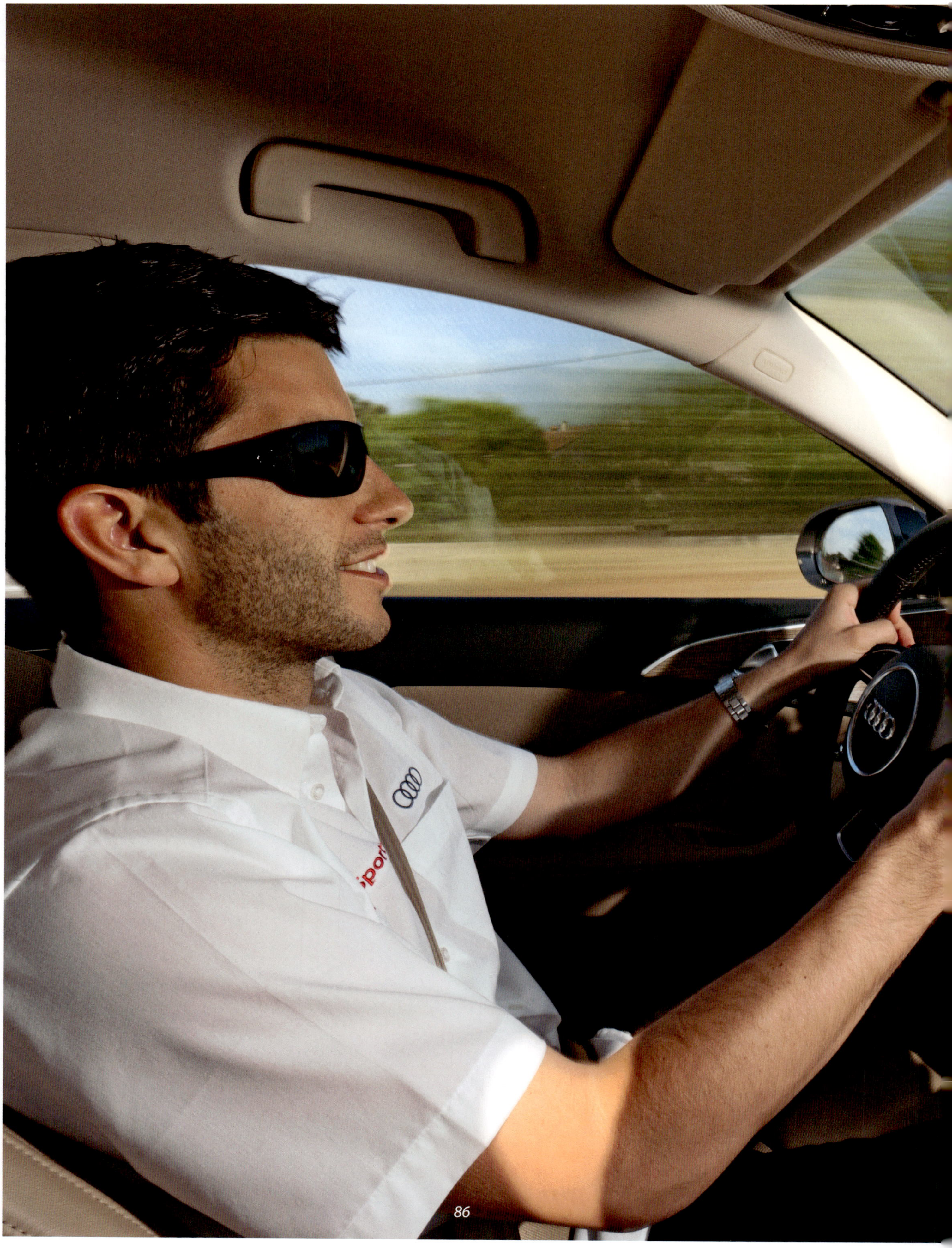

Champions *League*

Audi möchte die weltweite Nummer eins bei den Premiumherstellern werden. Die Erfolge von Mike Rockenfeller auf der Rennstrecke sollen dabei helfen. Nach dessen Titelgewinn in der DTM 2013 entstand sogar ein Sondermodell des A5.

Auf der Jahrespressekonferenz in München konnte Rupert Stadler Anfang März 2014 ein weiteres Rekordjahr vermelden. „Audi ist heute beliebter als je zuvor", sagte der Vorsitzende des Vorstands der AUDI AG. „Mehr als 1,57 Millionen Autokäufer haben sich 2013 für die Vier Ringe entschieden, 8,3 Prozent mehr als 2012. In nur vier Jahren haben wir mehr als 600.000 Kunden hinzugewonnen."

Audi wächst rasant und hat sich zum Ziel gesetzt, die Nummer eins unter den Premiumherstellern zu werden. Da passt es gut, wenn Mike Rockenfeller auf der Rennstrecke die Kollegen von BMW und Mercedes-Benz besiegt, den beiden wichtigsten Wettbewerbern. Motorsport wird traditionell großgeschrieben in Ingolstadt, Neckarsulm und den anderen Audi-Standorten. „Vorsprung durch Technik" soll für die Kunden auf der Rennstrecke erlebbar werden. Und kein anderer Automobilhersteller betreibt den Technologietransfer zwischen Motorsport und Serie konsequenter.

2013 war bereits die siebte Saison für Mike Rockenfeller bei Audi. Weitere werden folgen. Bald zehn Jahre im Zeichen der Vier Ringe – so etwas schweißt zusammen.

Ich bin als junger Nachwuchs-Rennfahrer bei Porsche aufgewachsen. Als ich 2007 in die Audi-Welt kam, in ein so großes Unternehmen mit einem riesigen Fahrerteam, da fühlte ich mich etwas ins kalte Wasser geworfen. Ich war jung und unerfahren, mir fehlte die Geborgenheit, die ich von Porsche kannte. Es hat ein bisschen gedauert, bis ich mich als Audianer gesehen habe. Mittlerweile ist das absolut so. Ich fühle mich wohl bei Audi und kann mich mit

▶ *Wortgewandt: „Rocky" im Interview mit Jürgen Pippig*

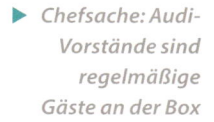

▶ *Chefsache: Audi-Vorstände sind regelmäßige Gäste an der Box*

den Autos perfekt identifizieren. Audi baut einfach tolle Autos – vom A1 bis zum A8. Es gibt eigentlich kein Modell bei Audi, das ich nicht mag. Der RS 6 ist natürlich der Hammer. Aber ich finde auch den A6 TDI gut. Den R8. Den A1 quattro. Ich wechsele die Autos gerne mal durch, um sie alle auszuprobieren. Das ist ein Privileg, das ich als Audi-Werksfahrer genieße. Und ich finde es supercool, dass zu meinem Titelgewinn sogar ein Sondermodell des A5 aufgelegt wurde, auf dem mein Name und meine Unterschrift verewigt wurden. Auch wenn es nur 300 Stück waren, freue ich mich sehr, so ein Auto auf der Straße zu sehen. Man spürt einfach, wie sehr der Motorsport bei Audi verankert ist.

Audi nutzt seine Sportabteilung und seine Rennfahrer, um den Technologietransfer zwischen Motorsport und Serie zu

◀ *Mike Rockenfeller über seinen RS 6: „Das Auto ist der Hammer"*

gewährleisten. Das Ergebnis sind Rennwagen für die Straße wie der Audi RS 6 – ein Produkt der quattro GmbH, für die Rockenfeller häufig zu Abstimmungsfahrten auf der Nürburgring-Nordschleife unterwegs war. Als Wolfgang Dürheimer Audi-Entwicklungschef war, rief er Rockenfeller nach Ingolstadt, um dessen Meinung über Lenkräder bei Audi zu hören. Dürheimers Vorgänger Michael Dick hatte ein fast schon freundschaftliches Verhältnis zu seinen Rennfahrern. Und auch mit Rupert Stadler und dem aktuellen Entwicklungschef Prof. Dr. Ulrich Hackenberg pflegt Rockenfeller ein gutes Verhältnis.

Was man bei Audi spürt, ist die extrem hohe Erwartungshaltung im Unternehmen. Es zählt eigentlich nur der Sieg und diesbezüglich ist man bei Audi natürlich auch etwas verwöhnt: In meinen ersten sieben Audi-Jahren haben wir fünfmal den DTM-Titel gewonnen und sechsmal Le Mans. Das ist bei Audi die Tagesordnung. Diesen Maßstab immer wieder zu erfüllen, ist nicht einfach. Aber nur deshalb ist Audi so gut – auf der Straße genauso wie auf der Rennstrecke.

Der tiefe Wille, immer besser und schneller zu sein als andere, hat seine Wurzeln in jenen Zeiten, als Ferdinand Piëch Entwicklungschef bei Audi war. Als Aufsichtsratschef von Volkswagen schaut er auch heute noch intensiv auf Audi – ganz besonders auf die Sportprototypen für Le Mans, jenes Rennen, das für Piëch die ultimative Herausforderung im Motorsport darstellt.

Piëch war es, der den permanenten Allradantrieb quattro entwickelte, die Rallyewelt mit dem Ur-quattro auf den Kopf stellte und Audi auf Kurs in Richtung sportliche Premiumhersteller brachte. Auch in den folgenden drei Jahrzehnten gingen die Erfolge im Motorsport häufig Hand in Hand mit technischen Innovationen, die später auch in die Serienmodelle einflossen. „Audi Sport ist ganz bewusst ein Teil der Technischen Entwicklung bei Audi", erklärt Motorsportchef Dr. Wolfgang Ullrich, der 2013 seine 20. Saison an der Spitze von Audi Sport absolvierte. „Das garantiert einen intensiven Austausch mit den Kollegen aus der Serienentwicklung."

Der quattro-Antrieb musste sich bei Audi zunächst genauso im Rennsport beweisen wie der TFSI-Motor, die Kombination von Turboaufladung und Direkteinspritzung. 2006 gelang mit dem ersten Sieg eines Diesel-Sportwagens in Le Mans ein Meilenstein, der weltweit für Aufsehen sorgte. Der erste Triumph eines Hybrid-Rennwagens in Le Mans geht ebenfalls auf das Konto von Audi. Und auch bei der Weiterentwicklung der Lichttechnologie setzt Audi konsequent auf den Motorsport.

Ein technisch interessierter und versierter Rennfahrer wie Mike Rockenfeller passt da perfekt. //

3 Fragen an
Prof. Dr. Ulrich Hackenberg

Als Mitglied des Vorstands für Technische Entwicklung sind Sie auch für das Motorsport-Engagement von Audi verantwortlich. Ein Traumjob?

Das kann man durchaus so sagen. Es stimmt, dass mein Herz für den Motorsport schlägt. Ich fiebere bei jedem DTM- und WEC-Rennen, aber auch bei den Einsätzen von Volkswagen in der WRC mit und setze mich auch selbst gerne ans Steuer eines Rennautos. Aber viel wichtiger ist, dass wir bei Audi das Engagement im Motorsport konsequent dafür nutzen, neue Technologien zu erproben und serientauglich zu machen. Vom quattro-Antrieb über hochaufgeladene Otto- und Dieselmotoren bis zum Laserlicht gibt es zahlreiche Beispiele dafür.

Gefühlt wird das Motorsport-Engagement von Audi immer größer. Warum?

Neben dem Technologietransfer zwischen Motorsport und Serie wird das Thema Emotionalisierung für einen Automobilhersteller immer wichtiger. Dafür ist der Motorsport perfekt geeignet. Unsere Modellpalette wird immer vielfältiger und auch im Motorsport sind wir immer breiter aufgestellt. Das passt perfekt.

Warum startet Audi in der DTM, die nur wenig Spielraum für technische Innovationen lässt?

In der DTM geht es um kleinste Details. Auch das ist eine Herausforderung und hat durchaus Parallelen zur Serienentwicklung. Am Ende ist die Summe vieler kleiner Detailverbesserungen entscheidend. Die DTM bietet eine tolle Bühne und wir treten dort gegen zwei unserer wichtigsten Wettbewerber an.

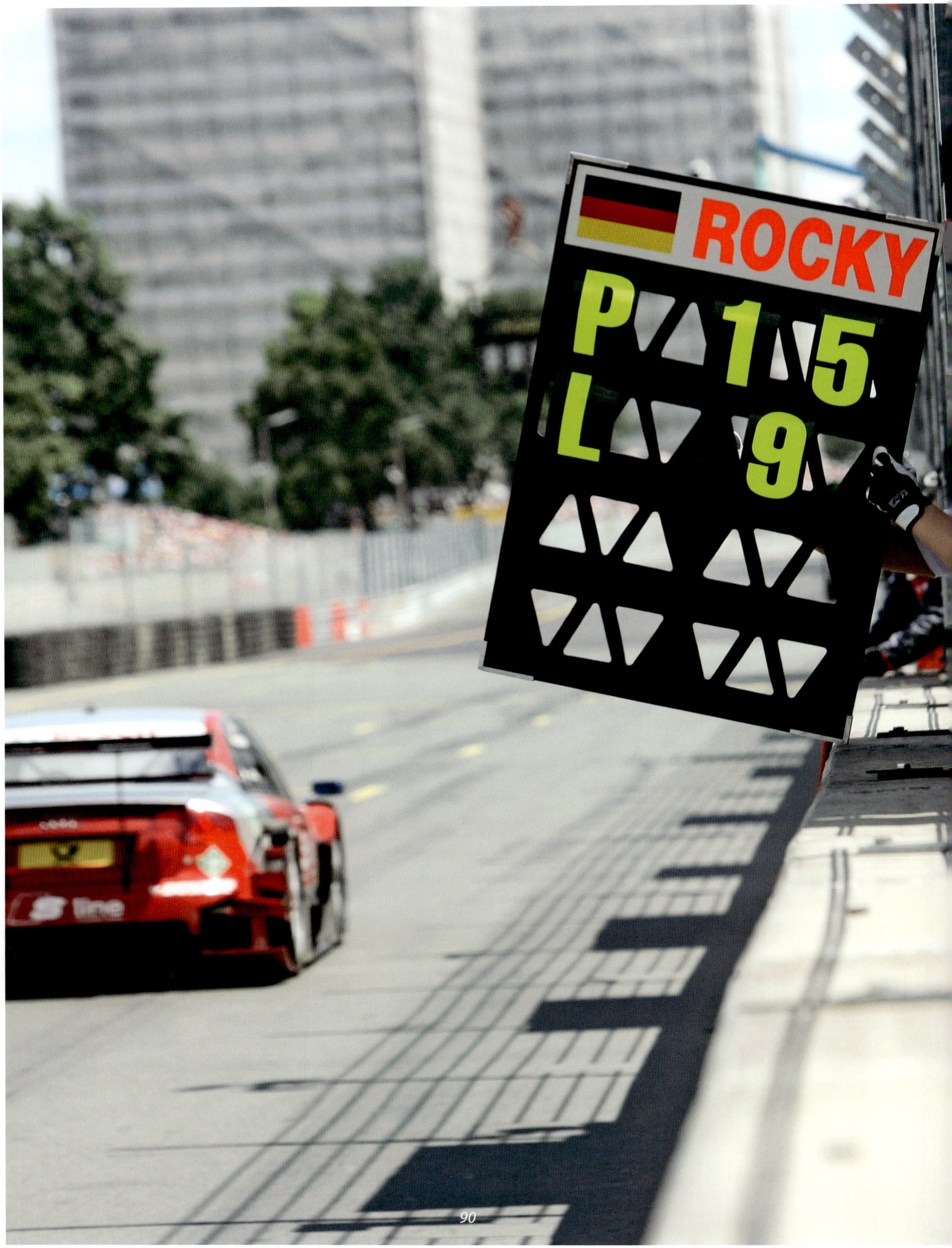
ROCKY
P 1 5
L 9

13

Harte Zeiten

Für Mike Rockenfeller war es ernüchternd, dass er seine ersten drei Jahre in der DTM mit Vorjahresautos absolvieren musste und damit meist nur Wasserträger für seine Markenkollegen in den aktuellen Autos war. Drei Jahre beim Team Rosberg, die für den jungen Rennfahrer extrem charakterbildend waren und ihn oft frustriert von den Rennen nach Hause kommen ließen.

▲ *Oschersleben 2007, das zweite DTM-Rennen von Mike Rockenfeller und gleich ein Podium nach Duell mit Mika Häkkinen*

Zwei Jahre lang war Mike Rockenfeller vornehmlich in Amerika Rennen gefahren. Die DTM kannte er aus seiner Zeit im Porsche Carrera Cup, der im Rahmenprogramm ausgetragen wurde, und von Erzählungen und aus der Ferne. Traf er bei den Rennen der American Le Mans Series Journalisten aus Deutschland, frage er sie über die DTM aus. Auch in der Audi-Hospitality war „Rocky" 2006 in der ALMS häufig zu finden, um mehr über die DTM zu erfahren.

Ich kannte die DTM nur von außen. Sie sah verlockend aus. Ich dachte mir, dass ich in die DTM komme und gewinne. Ich habe gesehen, wie sich Frank Stippler, Pierre Kaffer und Konsorten in der DTM geschlagen haben, die ich aus dem Porsche Carrera Cup kannte. Ich hab das bewertet und mir gesagt, ich schaff das.

Mike Rockenfeller war gerade 23 und ein junger Mann voller Selbstbewusstsein. Egal, wo er bisher angetreten war, er hatte sich durchgesetzt und gewonnen: im Kart, in der Formel König, im Porsche Carrera Cup, im Porsche Supercup, in der FIA GT, bei den 24-Stunden-Rennen in Le Mans, Spa und auf dem Nürburgring, in der ALMS, in der GRAND-AM. Er sah keinen Grund, warum das in der DTM nicht genauso weitergehen sollte.

Bei Audi gab es in der DTM jeweils nur vier neue Autos. Die anderen Piloten mussten sich mit Vorjahresmodellen begnügen, die nicht weiterentwickelt wurden. Um den Titel kämpften immer nur die Fahrer der aktuellen Autos. Und es war ein ungeschriebenes Gesetz, dass diese vom Abt-Team eingesetzt wurden. Phoenix und Rosberg erhielten die Vorjahresautos.

Ein weiteres ungeschriebenes Gesetz besagte, dass neue Fahrer quasi zum Üben erst einmal einen Jahreswagen bekamen. Deshalb war schnell klar, dass auch Mike Rockenfeller in seiner ersten DTM-Saison kein neues Auto bekommen würde. Damit konnte er leben. Er ahnte damals jedoch nicht, wie groß der Unterschied zwischen einem neuem und einem alten Auto war – und wie viele Jahre er würde warten müssen, um endlich konkurrenzfähiges Material zu bekommen.

Da Abt ausschied, standen nur Phoenix Racing und das Team Rosberg zur Wahl. Die Fahrer hatten bei Audi immer Mitspracherecht, für welches Team sie fahren wollten. „Rockys" Manager Walter Mertes, der früher selbst DTM gefahren war, favorisierte Rosberg, „Rockys" Vater eher Phoenix. Rockenfeller selbst konnte mit beiden leben.

Der Wally kannte den Keke (Rosberg) sehr gut. Außerdem war Timo Scheider im Jahr zuvor beim Team Rosberg gefahren und der beste Fahrer eines Vorjahresautos gewesen. Deshalb fiel die Entscheidung zugunsten von Rosberg.

Audi brachte die beiden DTM-Newcomer Lucas Luhr und Mike Rockenfeller bei Rosberg unter. Das erwies sich als nicht optimal, denn ohne jegliche Erfahrung standen die beiden Rookies häufig im Wald. Da half auch das System Audi nicht, das die Daten der Autos der drei Teams für alle Fahrer zugänglich machte.

Bei Phoenix fuhr 2007 Christian Abt. Der wusste vom Team seines Bruders Hans-Jürgen natürlich viel über das alte Auto. Wir hatten damals vor allem Probleme mit dem Frontsplitter. Auch heute noch ist das Thema Splitter in der DTM ein sensibles. Aber damals, beim 2006er-Auto, das wir ja fuhren, war es besonders heikel. Der Splitter war entscheidend für die Aerodynamik-Balance. Bei Phoenix hat man sie immer präzise am Unterboden ausgerichtet. Dadurch blieb die Balance konstant. Wir wussten das anfangs leider nicht und logischerweise hat uns auch niemand von Phoenix darauf hingewiesen, da sie ja in einem internen Wettbewerb mit uns standen.

Lucas Luhr und Mike Rockenfeller hatten schnell raus, dass die Probleme, die sie hatten, mit den Splittern zu tun haben mussten. Sie konnten sich mangels DTM-Erfahrung nur nicht erklären, woran es lag und wie sie die Probleme in den Griff bekommen sollten.

Wir haben uns ständig darüber beklagt, dass du mit einem Splitter Untersteuern und mit dem anderen Übersteuern hattest. Du hast mit dem Splitter A versucht, dein Set-up zu machen. Doch wenn wir dann zum Qualifying den Splitter B montiert haben, war die Balance des Autos auf einmal komplett anders. Wenn alles gepasst hat, dann war ich schnell, zum Beispiel beim zweiten Rennen in Oschersleben. Aber ich habe auch schnell gesehen, wie groß der Unterschied zwischen den alten und den neuen Autos war – und dass wir Jahreswagen-Fahrer eigentlich nur Feldfüller waren.

„Rocky" brauchte nur zwei Rennen, um in der DTM erstmals auf dem Podium zu stehen. Aber 28 weitere, um es ein zweites Mal zu schaffen. So erfolgreich das neue Abenteuer für ihn begann, so frustrierend gestaltete es sich in den folgenden drei Jahren, die extrem charakterbildend waren.

In Oschersleben stellte Rockenfeller seinen roten A4 zu Beginn der Saison 2007 in die erste Reihe und übernahm am Start die Führung, die er lange halten konnte. Durch eine nicht optimale Strategie und zu langsame Boxenstopps fiel er später auf Platz vier zurück, holte sich aber kurz vor Rennende nach einem sehenswerten Duell mit Ex-Formel-1-Star Mika Häkkinen noch den dritten Platz. So hätte es weitergehen können. Doch so ging es leider nicht weiter.

Der Fokus lag bei Audi und Mercedes auf den neuen Autos. Audi hat sich bemüht, alle Teams gleichwertig auszustatten. Lucas und ich haben uns permanent über die Splitter beklagt, aber die haben bei Audi Sport irgendwann ihre Ohren auf taub gestellt und sich vermutlich gedacht, die beiden Neuen da von Porsche, die sollen still sein und einfach fahren. Ich habe auch gleich zu

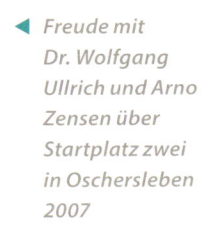

◀ *Freude mit Dr. Wolfgang Ullrich und Arno Zensen über Startplatz zwei in Oschersleben 2007*

◀ *Zweites DTM-Rennen, erstes Podium – so wie in Oschersleben ging es leider nicht weiter*

▲ Rockenfeller und Lucas Luhr 2007: Teamkollegen ohne jegliche DTM-Erfahrung

▲ Ein Sinnbild für „Rockys" frühe Jahre in der DTM: von Spengler und Tomczyk in Mugello „umgedreht"

▲ Mehr Frust als Lust: Rockenfeller in der DTM 2007, 2008, 2009

spüren bekommen, wie viel Politik in der DTM im Spiel war. Nach dem dritten Platz in Oschersleben habe ich mich geärgert, dass wir durch die Strategie einen möglichen zweiten Platz verspielt hatten. Das Abt-Team hat mir beim nächsten Rennen dann zu verstehen gegeben, dass ich sogar noch länger hätte draußen bleiben sollen. Dann wären nämlich Timo Scheider und Martin Tomczyk, zwei seiner Fahrer, die theoretisch um den Titel kämpften, vor mir gelandet. Es ging immer nur um die neuen Autos und gipfelte darin, dass ich beim Finale in Hockenheim extrem lange draußen bleiben musste.

Es waren nicht die einzigen Vorfälle in „Rockys" erstem DTM-Jahr. Die Saison begann in Hockenheim mit einem schweren Unfall in der Startrunde, in den die beiden Audi von Tom Kristensen und Alexandre Prémat verwickelt wurden. Beide landeten im Krankenhaus und mussten pausieren. Kristensen fiel sogar mehrere Rennen aus und hätte um ein Haar auch die 24 Stunden von Le Mans verpasst.

In Barcelona, beim vorletzten Saisonrennen, fuhr Rockenfeller auf Podiumskurs, als Audi aus Protest gegen eine zu harte Fahrweise der Mercedes-Piloten alle im Rennen verbliebenen Autos an die Box zurückbeorderte. Mattias Ekström und Martin Tomczyk, die beiden Titelaspiranten von Audi, waren von Mercedes-Piloten von der Strecke gedrückt worden.

Ich kämpfte gerade mit Gary Paffett, der ein paarmal superhart in mich reingefahren ist. Dann kam der besagte Funkspruch. Ich habe schon gedacht, ich hätte was falsch gemacht. Ich habe in dem Moment gar nicht überrissen, was da jetzt passiert. Ich bin also an die Box gefahren und dann wusste ich, was los war.

Die schwankenden Ergebnisse und die Tatsache, dass Alexandre Prémat – ebenfalls als Newcomer – bei Phoenix konstant schnell war, trieben Luhr und Rockenfeller an den Rand der Verzweiflung. Und sie riefen viele Besserwisser auf den Plan.

Da kamen Schlauschwätzer, die gesagt haben, du überfährst das Auto oder du willst zu viel. So etwas kannst du in so einer Situation gar nicht gebrauchen. Und nach dem Unfall in Le Mans war mein Selbstbewusstsein ohnehin komplett bei null. So hatte ich mir mein erstes Jahr bei Audi jedenfalls nicht vorgestellt.

Lucas Luhr warf Ende 2007 das Handtuch und wechselte in das LMP-Programm in der American Le Mans Series. „Rocky" fuhr 2008 gemeinsam mit Alexandre Prémat im Audi R10 TDI die aus fünf Rennen bestehende Le Mans Series (LMS). In der DTM bekam er beim Team Rosberg mit Markus Winkelhock einen neuen Teamkollegen. Schlecht war die Stimmung bei Rosberg trotz der ausbleibenden Erfolge nie.

Mit Arno Zensen hat man bei Rosberg jemanden an der Spitze, der sehr nett und diplomatisch ist – manchmal vielleicht sogar zu nett. Auch mit meinem Renningenieur Alexander Roos, der heute bei Audi Sport im LMP-Programm arbeitet, habe ich mich prima verstanden. Aber: Manchmal habe ich mich etwas alleingelassen gefühlt. Ganz speziell in der Saison 2007. Lucas hat sich, glaube ich, noch schwerer damit getan als ich. Porsche war familiär gewesen. An die große Audi-Welt mussten wir uns erst einmal gewöhnen. Das brauchte seine Zeit.

Seine erste DTM-Saison beendete Mike Rockenfeller auf Platz zwölf. Nur dreimal sammelte er Punkte. Damit blieb „Rocky" weit unter seinen eigenen Erwartungen. Und schlimmer noch: Es war kein Thema mehr, in der Saison 2008 ein neues Auto zu bekommen. Bei Abt blieben die Fahrerpaarungen mit Mattias Ekström, Tom Kristensen, Martin Tomczyk und Timo Scheider unverändert.

Rockenfeller musste sich 2008 erneut mit einem Vorjahresmodell quälen. „Er kam oft frustriert und enttäuscht von den Rennen nach Hause", erinnert sich seine Lebensgefährtin Susanne Schaller. „Es plagten ihn Selbstzweifel. Ich habe ihn immer wieder aufgebaut und neu motiviert – einfach versucht, ihm ein gutes Gefühl zu geben. Aber die DTM ist halt sehr politisch. Weil er sehr menschlich ist und keine politische Ader hat, ist es ihm am Anfang sehr schwer gefallen, damit umzugehen. Er musste sich durchbeißen und hat gelernt, wie das in der DTM läuft. Natürlich haben wir jedes Jahr gehofft, dass er in der nächsten Saison ein neues Auto bekommt. Ich war immer

> „Ich kannte die DTM nur von außen. Sie sah verlockend aus. Ich dachte mir, dass ich in die DTM komme und gewinne ..."
>
> *Mike Rockenfeller*

▼ Ungleiches Material: Bei Audi bekamen nur jeweils vier Fahrer aktuelle Autos – „Rocky" war zunächst keiner der vier

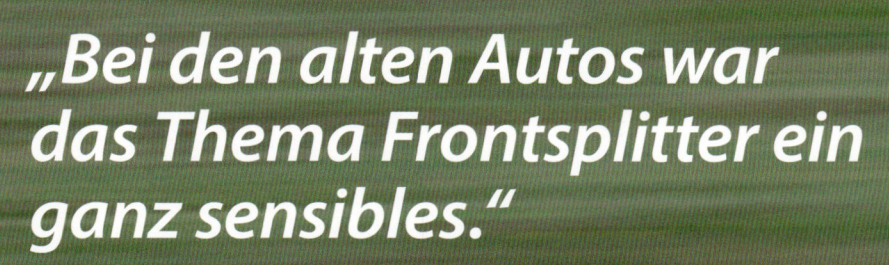

„Bei den alten Autos war das Thema Frontsplitter ein ganz sensibles."

Mike Rockenfeller

◀ *Funkenregen in Brands Hatch: Die richtige Wartung und Einstellung des Frontsplitters waren beim Audi A4 DTM Schlüssel zum Erfolg*

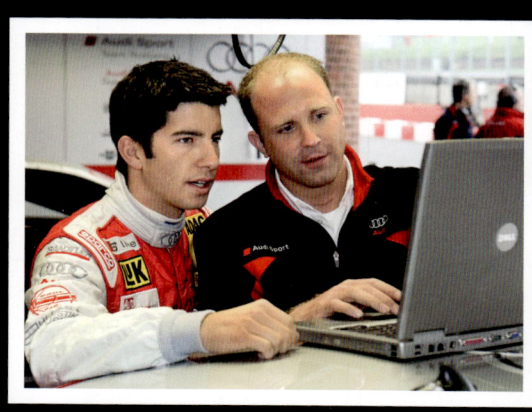

▲ „Rocky" mit Andreas Roos, seinem Renningenieur beim Team Rosberg

▲ Mit Markus Winkelhock und Arno Zensen, „Rockys" erstem Teamchef in der DTM

sicher: Wenn er das richtige Material hat, dann kämpft er sich da durch und zeigt, was er kann."

Das Auto, das Mike Rockenfeller 2008 fuhr, war in Bezug auf die Frontsplitter-Thematik nicht mehr ganz so problematisch. Es war das Modell, mit dem Mattias Ekström 2007 seinen zweiten DTM-Titel gewonnen hatte, der „R13". Die Ergebnisse wurden konstanter. „Rocky" fuhr auf einem ähnlichen Niveau wie Oliver Jarvis und Alexandre Prémat bei Phoenix und sein neuer Teamkollege Markus Winkelhock, mit dem er sich bei Rosberg prima verstand. Durch die Erfolge in der LMS, die er parallel fuhr und gemeinsam mit Alexandre Prémat überraschend gewann, kam auch etwas Selbstvertrauen zurück – aber er war weit davon entfernt, der Mike Rockenfeller zu sein, der er war oder später wieder wurde.

2008 war der Unterschied zwischen den alten und neuen Autos noch größer, speziell bei Audi. Der neue „R14", so die interne Bezeichnung, verfügte über eine ausgeklügelte Aerodynamik mit einem durchströmten Innenraum. Vor allem im Qualifying war das neue Auto eine Klasse für sich und Timo Scheider holte mit dem „R14" zweimal in Folge den Titel für Audi.

„Rockys" Ergebnisse in der Saison 2008 waren zwar konstanter als im Jahr zuvor, doch mit den Jahreswagen war nicht viel zu holen. Prémat, Rockenfeller, Winkelhock und Jarvis belegten die Plätze zehn bis 13 in der Tabelle. Rockenfeller war damit der zweitbeste Fahrer eines Audi-Jahreswagens.

„Rocky" hätte das Team für die Saison 2008 wechseln können, nachdem Christian Abt seine Karriere beendete und bei Phoenix ein Cockpit frei wurde. Er entschied sich gegen einen Wechsel.

Ich bin bei Rosberg geblieben, weil es bei den letzten zwei, drei Rennen der Saison 2007 besser lief. Inzwischen wussten wir das mit der Montage der Splitter. Wir hatten uns auch aneinander gewöhnt und eine zweite Chance verdient. Irgendwie wollte ich nach nur einem Jahr nicht das Team wechseln. Ärgerlich war, dass bei Rosberg so viele Boxenstopps misslangen. Da war Phoenix definitiv bessser. Kurioserweise ging bei meinem Auto besonders viel schief, obwohl ich immer versucht habe, ganz präzise an der Markierung anzuhalten. Der Winkelhock ist dagegen oft quer reingeballert und trotzdem passten die Stopps bei ihm. Der Arno Zensen meinte dann, die Mechaniker hätten wohl eine Phobie oder Angst, wenn das rote Auto kommt ...

Trotzdem blieb „Rocky" auch 2009 bei Rosberg. Dieses Mal, weil er musste. Oliver Jarvis und Alexandre Prémat waren bei Phoenix gesetzt und auch bei Abt gab es keine Veränderungen. Mattias Ekström, Timo Scheider, Martin Tomczyk und Tom Kristensen nahmen eine weitere Saison mit den aktuellen Autos in Angriff.

Ich bin also wieder mit dem „Winki" bei Rosberg gefahren und muss sagen, das war ein besonders schwieriges Jahr, in dem ich mich auch gegen meinen Teamkollegen schwergetan habe. Vieles lief nicht zusammen und auch das mit den Boxenstopps hat sich nicht wirklich gebessert. Timo Scheider ist ein zweites Mal Meister geworden – aber es war ziemlich knapp und spannend bis zum letzten Rennen. In Dijon hatten praktisch alle Audi-Piloten Reifenschäden, deshalb fiel die Entscheidung wie im Vorjahr erst beim Finale in Hockenheim. Aber Audi gelang der Hattrick. Drei Titel in Folge, das hatte in der DTM zuvor noch kein Hersteller geschafft. Das zeigte mir, dass ich bei Audi richtig aufgehoben war – nur dass ich nicht in einem aktuellen Auto saß. Das musste sich einfach irgendwann ändern.

Auch wenn er es nach den mageren Jahren 2007 und 2008 nicht für möglich gehalten hätte, war 2009 der absolute Tiefpunkt seiner noch jungen DTM-Karriere: Ganze vier Punkte sammelte „Rocky" in zehn Rennen. Auf Gesamtrang 14 war er der schwächste Audi-Pilot.

Es musste dringend etwas passieren und so entschied sich Mike Rockenfeller, das Team zu wechseln und 2010 bei Phoenix zu fahren. Ab diesem Moment ging es aufwärts. //

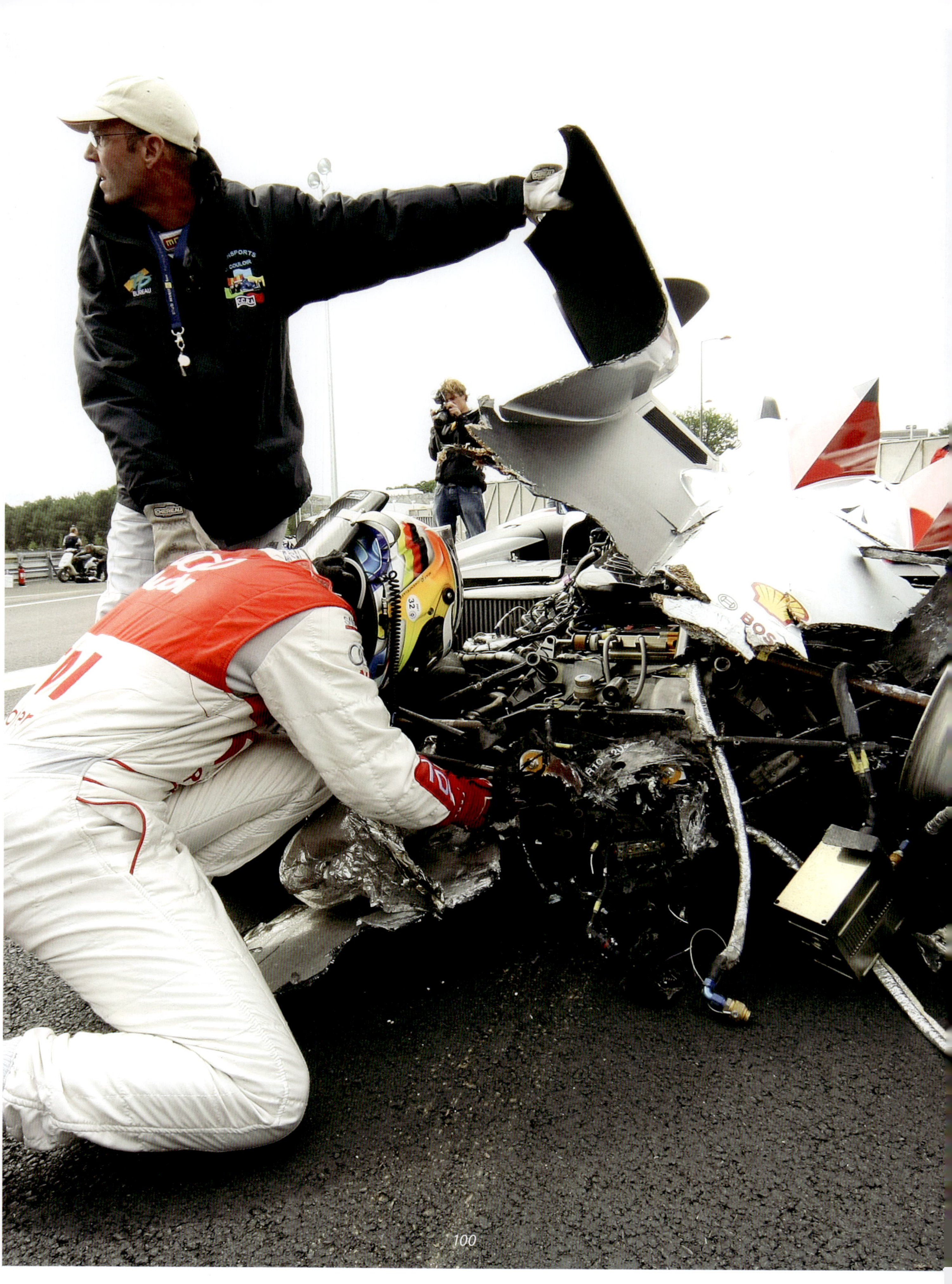

Bittere Erfahrung

Der große Traum vom Le-Mans-Sieg mit Audi verwandelte sich beim ersten Einsatz zu einem Albtraum: Im Nieselregen rutschte Rockenfeller bei den 24 Stunden von Le Mans 2007 von der Strecke – in der zweiten Runde. Damit war für ihn und seine Teamkollegen nicht nur das Rennen beendet. Nach dem Unfall dachte „Rocky" sogar darüber nach, seine Rennfahrer-Karriere zu beenden.

▼ Voller Vorfreude: „Rocky" und Lucas Luhr bei der ersten Sitzprobe im Audi R10 TDI

▼ Überrascht vom ungewöhnlichen Fahrverhalten des R10 TDI: Rockenfeller nach der „Fahrschule" in Le Castellet

▼ LMP1-Fahrschüler: Lucas Luhr, Rockenfeller, Alexandre Prémat und Mattias Ekström

▼ *Beim Vortest in Le Mans 2007 vertrat Rockenfeller noch Tom Kristensen in der Startnummer 2*

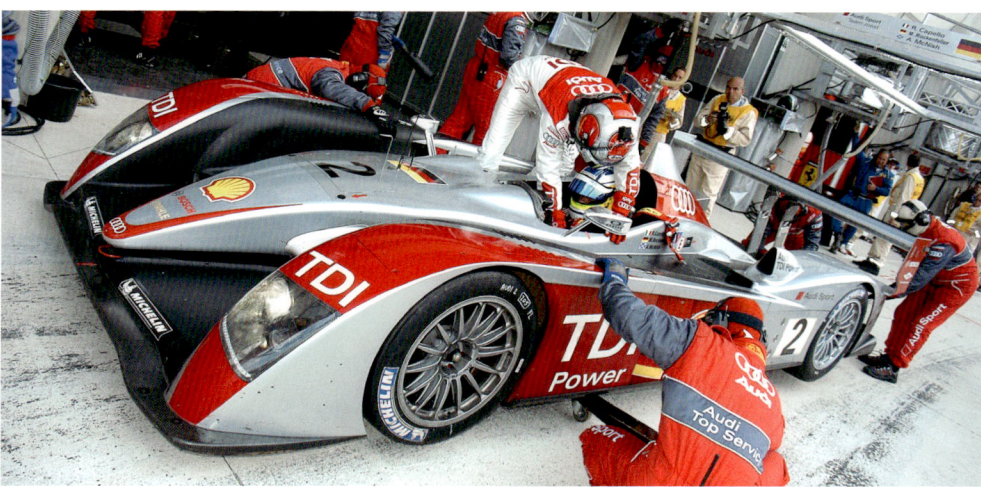

▲ *Ungewohnter Arbeitsplatz: das Cockpit des Diesel-Rennwagens Audi R10 TDI*

Bei Audi sollte „Rockys" großer Traum wahr werden: Le Mans mit einem LMP1-Sportwagen, mit dem er um den Gesamtsieg beim größten Langstrecken-Rennen der Welt kämpfen konnte. Davon hatte er seit jenem Tag geträumt, an dem er als Porsche-Junior nachts in Le Mans an der Strecke gestanden und die glühenden Bremsscheiben bewundert hatte.

Mike Rockenfeller kam mit 23 zu Audi, mit fünf Jahren Rennerfahrung in Cup- und GT-Autos bei Porsche im Gepäck. Seine Prototypen-Erfahrung beschränkte sich auf eine Saison in der GRAND-AM-Serie, deren Prototyen aber überhaupt nicht mit einem modernen LMP1-Sportwagen zu vergleichen waren, zwei LMP2-Tests mit dem Porsche RS Spyder und den einen Renneinsatz in Road Atlanta. Nicht viel, um in Le Mans einen Audi R10 TDI mit einem über 650 PS starken V12-TDI-Motor mit mehr als 1.100 Newtonmeter Drehmoment zu bewegen.

Rockenfeller hatte bei Audi unterschrieben, ohne zuvor Testfahrten absolviert zu haben. Das war ungewöhnlich. Und es dauerte lange, ehe „Rocky" endlich die Gelegenheit bekam, den R10, der im Jahr zuvor mit dem ersten Dieselsieg in Le Mans Motorsport-Historie geschrieben hatte, auszuprobieren.

Anfang April 2007, rund zwei Monate vor Le Mans, organisierte Audi in Le Castellet im Rahmen eines 30-Stunden-Tests eine Art „Fahrschule" für Lucas Luhr, Mike Rockenfeller und Alexandre Prémat. Alle drei waren neu bei Audi und sollten sowohl die DTM als auch Le Mans bestreiten. Auch Mattias Ekström durfte in Südfrankreich den R10 testen, aber mehr aus Neugier. Für den Schweden gab es keine konkreten Pläne für Le Mans.

Jeder von uns hatte in Le Castellet rund eine Stunde Zeit, den R10 zu fahren. Die Power des Motors war toll, aber ich habe mich erschrocken, wie das Handling des Autos war. Natürlich hatte man mir gesagt, dass der R10 mit seinem großen, schweren V12-Motor nicht so agil ist und vor allem von seiner Motorleistung lebt. Aber was das wirklich bedeutet, kann man eigentlich erst wissen, wenn man selber fährt. Denn die Audi-Piloten kannten ja wiederum den RS Spyder nicht. Den leichten LMP2 hatte ich schnell im Griff, da habe ich mich auch gleich wohlgefühlt. Und dann komme ich in Le Castellet auf so einen R10 mit unheimlich viel Power, einem Monster-Drehmoment und sehr viel Untersteuern – den musstest du ganz anders fahren.

Im Vergleich mit den anderen drei „Rookies" konnten sich Rockenfellers Rundenzeiten sehen lassen. Mit den Routiniers wie Allan McNish oder Dindo Capello konnte er in Le Castellet aber noch nicht mithalten. Vor allem fühlte er sich zum ersten Mal in seiner Karriere in einem Rennauto nicht zu Hause. Dieses Gefühl kannte Rockenfeller überhaupt nicht. Und nach einem kurzen Roll-out auf dem Audi-Testgelände in Neustadt stand

▼ *Mit Alexandre Prémat und Dr. Wolfgang Ullrich*

▼ *Die Zahl der Funkgeräte zeigt, welche Dimension Le Mans bei Audi hat*

◀ Le Mans mit einem LMP1 war für Mike Rockenfeller 2007 eine ganz neue Erfahrung

bereits der traditionelle Vortest in Le Mans an – die einzige Gelegenheit, auf der über 13 Kilometer langen Rennstrecke in Westfrankreich, die zum Teil aus sonst öffentlichen Landstraßen besteht, zu testen.

Den Vortest fuhr „Rocky" nicht wie vorgesehen im eigenen R10 mit Lucas Luhr und Alexandre Prémat, sondern auf dem Auto von Dindo Capello und Allan McNish als Vertretung für Tom Kristensen. Der war nach einem Unfall in der DTM noch nicht wieder fit und Audi hatte einen Plan B: Sollte der Däne bis zum Rennen nicht einsatzbereit sein, hätte Rockenfeller den Rekordsieger im Auto mit der Startnummer zwei ersetzt. Gemeinsam mit Lucas Luhr und Alexandre Prémat wäre Mattias Ekström gefahren, der allerdings nach den ersten Runden in Le Mans wenig Lust auf dieses Abenteuer verspürte.

Dass man beim Vortest nicht viel zum Fahren kommt, ist normal. Am Anfang ist die Strecke noch schmutzig und später geht es vor allem darum, ein gutes Basis-Set-up zu finden. Ich fuhr einen Stint und ein paar zusätzliche Runden. Die Strecke war trocken und es lief alles wunderbar. Es war nicht abzusehen, dass das Rennen im Juni so bescheiden verlaufen würde. Aber im Nachhinein betrachtet hatte ich vor meinem ersten Le-Mans-Einsatz mit einem LMP1 vielleicht zu wenig Zeit im Auto.

Obwohl er sich nicht hundertprozentig eins fühlte mit dem Audi R10 TDI, war „Rocky" in Le Mans auf Anhieb schnell. Beim Vortest gelang ihm hinter Sébastien Bourdais im Peugeot und Frank Biela die drittbeste Zeit des Tages. Doch dann kam die Rennwoche in Le Mans und mit ihr schlechtes Wetter. Beide Trainingstage waren von Regenschauern gekennzeichnet.

Das zweite Qualifying war komplett nass. Lucas Luhr, Alexandre Prémat und Mike Rockenfeller holten sich mit der Zeit vom ersten Tag Startplatz fünf.

Auch das Warm-up am Samstagmorgen war verregnet. Es war kühl und windig. Bis zum Start des Rennens trocknete die Strecke ab, doch es drohten bereits neue Regenschauer. Lucas Luhr, der erfahrenste der drei Neulinge im Auto mit der Startnummer 3, war als Startfahrer genannt worden. „Rocky" war als zweiter Pilot vorgesehen.

Luhr kam als Vierter aus der ersten Runde zurück, in der es schon wieder leicht zu regnen begann. Die drei Audi und die beiden Peugeot 908 lagen an der Spitze anfangs dicht zusammen, mehrmals wechselten die Positionen. Doch nach den ersten Routine-Boxenstopps konnte sich das Audi-Trio etwas absetzen. Nach einer Stunde lag Luhr auf Platz drei, als der Regen stärker wurde und die Rennleitung die Safety-Cars auf die Strecke schickte.

Das Audi Sport Team Joest nutzte die Gelbphase, um zu tanken und die Fahrer zu wechseln. Tom Kristensen übernahm von Dindo Capello, Emanuele Pirro von Frank Biela und Mike Rockenfeller von Lucas Luhr. Die Rolex-Uhr bei Start und Ziel zeigte 16:19 Uhr, als „Rocky" die Boxengasse verließ – auf Slicks, nachdem die Strecke inzwischen schon wieder fast trocken war. Kurz danach wurde das Rennen wieder freigegeben.

Lucas hatte ja vorher schon zwei Stints absolviert. Aber ich bin in meiner ersten fliegenden Rennrunde mit einem LMP1 in Le Mans gleich die schnellste Runde unseres Autos gefahren und die nächste wäre noch schneller gewesen. Über Funk wurde mir gesagt, es könnte in einigen Bereichen der Strecke wieder zu regnen anfangen. Aber ich habe keinen Regen gesehen – auch nicht auf dem Visier meines Helmes. Es war Unerfahrenheit. Das Problem ist, dass du als Fahrer immer am Limit fahren musst und nicht zu viel Zeit verlieren darfst, selbst wenn es mal nieselt. Wenn ein Fahrer vor dir ins Rutschen kommt, bist du vorgewarnt und fährst ganz anders in die Kurven. Aber es gab keine Vorwarnung. Ich hatte gerade die schnellste Zeit gesetzt und konnte im Display sehen, dass ich im ersten Abschnitt hinter dem Dunlop-S in meiner zweiten Runde noch schneller war. Für mich war da keine Feuchtigkeit auf der Strecke. Doch dann komme ich in die Tertre Rouge und plötzlich ist es nass. Der R10 hatte wegen des schweren Motors im Heck tendenziell sehr viel Untersteuern. Ich bin mit demselben Untersteuern in die Kurve gefahren wie in der Runde zuvor, doch als ich auf die nun feuchten Randsteine kam, ist mir das Auto ausgebrochen. Ich habe gegengelenkt, dabei aber so einen richtigen Gegenpendler bekommen und bin rückwärts in die Leitplanke geknallt – und zwar heftig.

Rockenfeller konnte selbst nicht glauben, was ihm da gerade widerfahren war. In seiner gesamten Karriere hatte er kaum Unfälle gehabt. Bei einem Test mit dem Prosche Junior Team war er einmal im Kiesbett gelandet. Dann gab es den Vorfall im Supercup in Monza. Aber abgesehen davon war er die Zuverlässigkeit in Person gewesen. Und nun das. Beim ersten Le-Mans-Einsatz für Audi, dem wichtigsten Rennen des Jahres und vor den Augen der Vorstände und Konzernchefs.

„Rocky" versuchte verzweifelt, den im Bereich der Heckpartie komplett zerstörten R10 noch einmal zum Laufen zu bringen. Die Audi-Prototypen waren bekannt für ihre Robustheit und es waren schon ähnlich stark beschädigte Autos wieder gefahren. Doch in diesem Fall war es aussichtslos. Beide Hinterräder waren abgerissen. Über Funk gab es viele Anweisungen, doch schließlich musste „Rocky" aufgeben und aussteigen.

Jo Matheis, der damalige Teammanager, holte ihn mit dem Motorroller ab und brachte ihn erst einmal an einen ruhigen Platz hinter den Boxen.

Ich war total fertig. Für mich ist eine Welt zusammengebrochen. Eine solche Erfahrung gönne ich keinem, die braucht man auch nicht. Da komme ich als Neuling nach Le Mans und werfe das

▼ Typisch Le Mans: großer Medienrummel, hier bei der Technischen Abnahme am Place des Jacobins im Stadtzentrum

„Ich hatte nie Unfälle. Und dann passiert mir so etwas ausgerechnet in Le Mans in meinem ersten Jahr mit Audi."

Mike Rockenfeller

Auto in der zweiten Runde weg! Das muss man sich einmal vorstellen. Okay, es war meine dritte Runde, wenn man die Outlap mitzählt. Aber das macht es auch nicht besser. In so einem Moment wünschst du dir, dass das gerade einfach nicht passiert ist.

„Ich habe das erste Mal geheult, weil ich ihn so verzweifelt gesehen habe", erinnert sich Vater Helmut Rockenfeller an den 16. Juni 2007. „Die Leute von Audi haben ihn in einem Auto mit abgedunkelten Scheiben zu unserem Wohnmobil gebracht, um ihn vor den Reportern zu schützen."

„Der Mike lag nur im Wohnmobil und war traurig", sagt Anne Rockenfeller. „Er hat sich das Tage, Wochen, ja Monate nicht verziehen. Er hat derart mit sich gehadert, dass ich schon Sorge hatte, er wird depressiv. Dabei ist er ja an sich im Gleichgewicht und ein gefestigter Typ."

Unmittelbar nach dem Unfall wollte Rockenfeller nie wieder Rennen fahren.

Ich wollte aufhören. Ende Gelände. Ich bin grundsätzlich selbstkritisch und hinterfrage mich selbst. Es gibt Fahrer, die haben das Talent, alles von sich zu weisen. Da sind tausend Sachen schuld, aber nie sie selbst. Für mich war ganz klar, dass es mein Fehler war – und zwar zu einem ganz bescheidenen Zeitpunkt, denn auch in der DTM hatte ich 2007 eine schwierige Saison. Es hat bei Audi zwar niemand ausgesprochen, aber natürlich war ich abgestempelt: Ich war der Neue, der das Ding in Le Mans in der zweiten Runde weggeworfen hatte. Dr. Ullrich hat mich in der Box in den Arm genommen und versucht, mich zu trösten. Aber die Situation war klar: Das Boxentor ging runter, ein Auto war weg. Ich bin zu jedem im Team gegangen, habe mich entschuldigt und verabschiedet. Meine Eltern, Susanne und ich sind dann noch am Samstagabend abgereist. Ich war todunglücklich. Für mich war die Welt zu Ende, ich wollte einfach nur nach Hause. Das würde ich nie wieder so machen. Heute würde ich bis zum Rennende dableiben und mein Team weiter unterstützen.

▶ *Le Mans 2007 brachte Mike Rockenfeller ins Grübeln*

Die ganze Welt hatte zugesehen, wie Mike Rockenfeller in Le Mans einen Anfängerfehler gemacht hatte. Es tat ihm unendlich leid für Audi, das Team Joest und vor allem auch für seine Teamkollegen Lucas Luhr und Alexandre Prémat. Und er war sich sicher, dass er seine große Chance verspielt hatte und 2008 nicht mehr in Le Mans fahren würde.

Ich muss Audi und vor allem Dr. Ullrich ganz hoch anrechnen, dass sie mich nicht rausgeworfen und mir eine zweite Chance gegeben haben. Das war alles andere als selbstverständlich. Ich wollte nach dem Unfall wirklich alles hinwerfen. Natürlich bin ich heute froh, dass ich das nicht getan habe. //

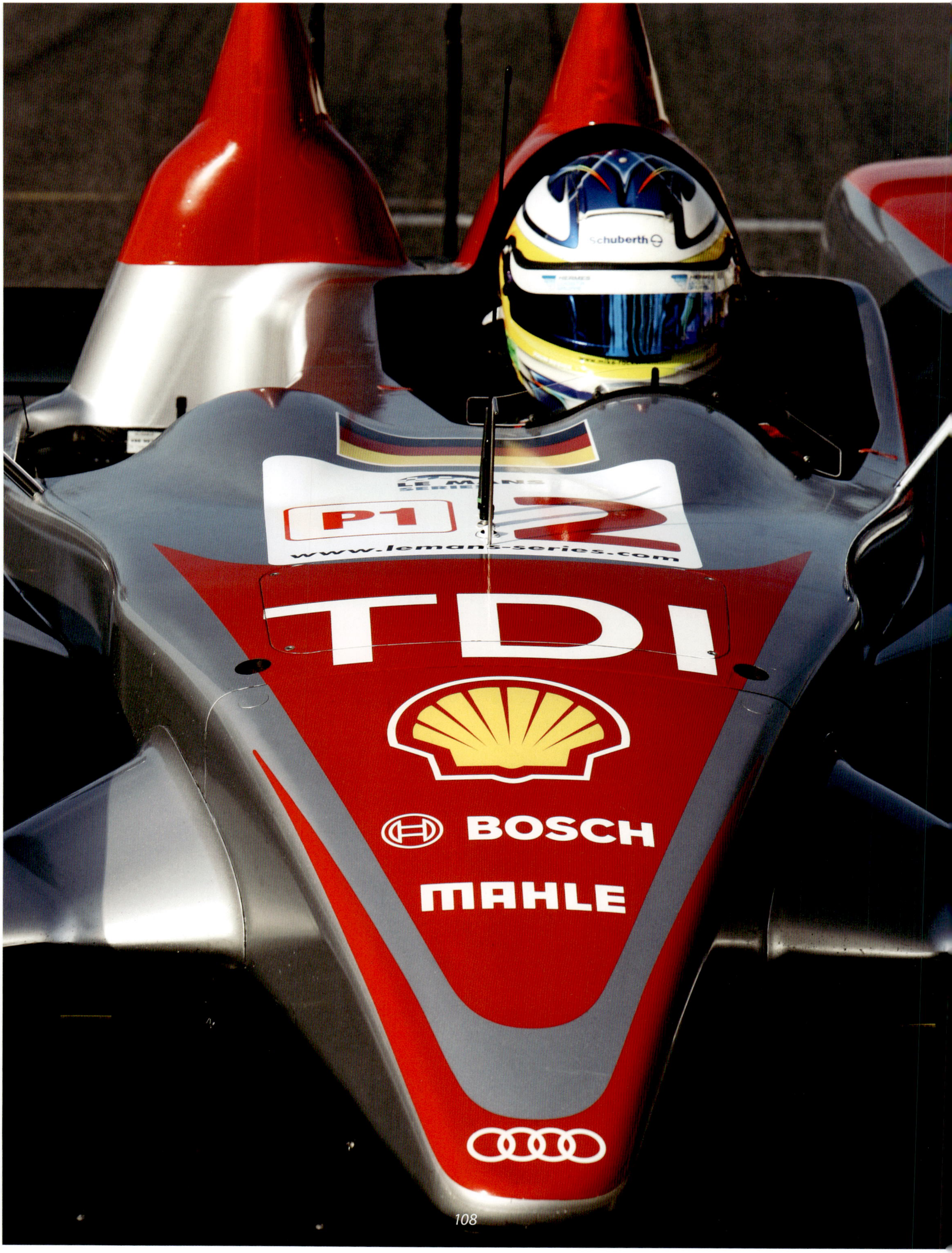
Schuberth
P1
2
www.lemans-series.com
TDI
BOSCH
MAHLE

Zweite Chance

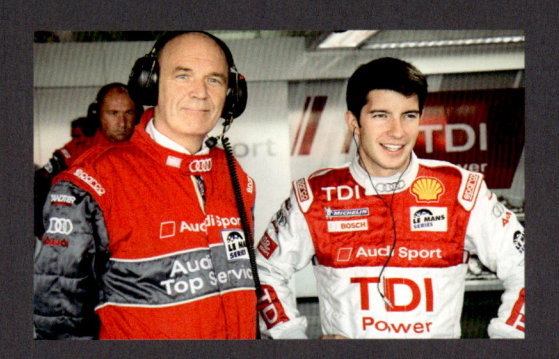

Dank eines Unfalls von Emanuele Pirro bekam Mike Rockenfeller Ende 2007 in Laguna Seca eine neue Gelegenheit, sich am Steuer des LMP1-Audi zu bewähren. Er nutzte die Chance und gewann im Jahr darauf gemeinsam mit Alexandre Prémat den Titel in der Le Mans Series – gegen die stärkeren Peugeot und zwei anerkannt starke Teamkollegen.

▼ Zweite Chance im Audi R10 TDI: Finale der ALMS Ende 2007 in Laguna Seca

▲ Sebring 2008: auf dem Podium, aber trotzdem beinahe ein weiterer Karriereknick

▲ Erfolgstrio in der LMS 2008: „Rocky", Renningenieur Ed Turner und Alexandre Prémat

„Wir hatten zwei superstarke Teamkollegen und mit Peugeot einen Gegner, der schneller war. Dass wir den Titel trotzdem gewonnen haben, hat einen hohen Stellenwert für mich."

Mike Rockenfeller

▶ Als Neulinge in der LMP1 machten „Rocky" und Alexandre Prémat 2008 einen perfekten Job

Ein Unfall von Emanuele Pirro eröffnete Mike Rockenfeller eine unerwartete Chance, 2007 noch einmal ein Rennen mit dem Audi R10 TDI zu bestreiten. Der Italiener hatte sich bei einem Highspeed-Unfall in Road Atlanta ein Schleudertrauma zugezogen und war auch beim Finale der American Le Mans Series in Laguna Seca noch nicht wieder einsatzfähig. Audi-Motorsportchef Dr. Wolfgang Ullrich gab „Rocky" die Gelegenheit, sich nach seinem Le-Mans-Unfall zu rehabilitieren.

Ich kannte Laguna Seca aus dem GT-Porsche. Das ist eine meiner Lieblingsstrecken. Ich fuhr zusammen mit Marco Werner. Das andere Auto teilten sich Dindo Capello und Allan McNish, der damals die Messlatte bei Audi war. Deshalb hat es mich aufgebaut, dass ich nach den ersten beiden Stints im Rennen fast zeitgleich mit ihm an die Box gekommen bin. Ich war happy, denn jeder hat gesehen, dass ich genauso schnell war wie Allan. Aber es gab auch wieder so einen blöden Moment, und zwar im Warm-up. Da habe ich mich auf meiner Outlap im berühmten Corkscrew gedreht. Der R10 war extrem giftig mit kalten Reifen und auch andere Fahrer hatten ähnliche Erlebnisse – aber natürlich brauchst du so etwas nicht, wenn du gerade versuchst, wieder Selbstvertrauen aufzubauen.

Rockenfeller/Werner beendeten das Rennen auf Platz drei und „Rocky" bekam für 2008 von Audi das Angebot, neben der DTM auch Le Mans und die aus fünf Rennen bestehende neue Le Mans Series mit dem Audi R10 TDI zu bestreiten. Damit hatte „Rocky" überhaupt nicht gerechnet.

Zur besseren Vorbereitung bestritt Rockenfeller zu Saisonbeginn das 12-Stunden-Rennen in Sebring in Florida, das Audi seit Jahren dominierte. Doch 2008 ging so viel schief, dass Audi in Sebring nach acht Gesamtsiegen in Folge erstmals geschlagen wurde – ausgerechnet von Porsche und dem RS Spyder.

Ausgerechnet Porsche! Wir hatten Bremsprobleme, das Auto ist immer geradeaus gerutscht. Und dann ging ein Turbo kaputt. Wir haben ihn im Zelt gewechselt und waren weg vom Fenster. Es ging für uns eigentlich nur noch darum, das Auto nach Hause zu bringen. Dann ließ die Motorleistung plötzlich erneut nach. Der Turbo war wieder kaputt, aber über Funk hieß es „Alles okay. Push! Push!" Das habe ich getan und mich prompt rückwärts in einen Reifenstapel gedreht. Das hatte keine Auswirkung auf unser Rennergebnis, aber natürlich hieß es: Schon wieder der Rockenfeller! Dabei hatte ich einfach keine Motorleistung. Ich habe versucht, trotzdem ordentliche Zeiten zu fahren. Das war aber unmöglich.

Plötzlich standen Le Mans und die LMS wieder auf der Kippe. Dr. Wolfgang Ullrich erklärte „Rocky" bei einem Vieraugengespräch am nächsten Tag, er wisse nicht, wie er das in Ingolstadt verkaufen solle. Doch dann stellte sich heraus, dass der zweite Turboschaden in der Teamführung gar nicht bekannt gewesen war. Die Ingenieure wollten über den Teamfunk, der

▼ *Der Audi R10 TDI war 2008 nicht das schnellste Auto, aber zuverlässig*

▼ *In seiner ersten vollen LMP1-Saison fühlte sich Rockenfeller im Audi R10 TDI zusehends wohler*

▼ *Champions, mit denen keiner gerechnet hatte: Rockenfeller/Prémat*

▲ Silverstone 2008: Peugeot bezwungen und unerwartet Champions der Le Mans Series (LMS) geworden

live im Fernsehen zu hören war, nicht darüber sprechen. „Rocky" war rehabilitiert und das LMP-Programm für die Saison 2008 gerettet, obwohl Alexandre Prémat beim anschließenden Dauerlauf in Sebring mit einem R10 einen heftigen Unfall hatte und im Krankenhaus landete.

Der Unfall in Le Mans. Der Dreher in Laguna Seca. Der Ausrutscher in Sebring. „Rockys" erste drei LMP-Rennen für Audi liefen alles andere als rund. Doch in der LMS, in der die große Tradition der berühmten europäischen 1000-Kilometer-Rennen wieder aufleben sollte, änderte sich das schlagartig.

Es war toll, dass ich gemeinsam mit Alexandre Prémat die LMS fahren durfte. Wir kannten uns aus der DTM und verstanden uns prima. Ich war unheimlich happy, dass ich diese Chance von Audi bekam. Die Rennen mit dem R10 in der LMS haben Spaß gemacht und mir die Bestätigung und die Erfolgserlebnisse gegeben, die ich in der DTM mit einem Jahreswagen einfach nicht haben konnte.

In der LMS hatten es Prémat und Rockenfeller mit extrem starken Gegnern zu tun. Der Peugeot 908 war das schnellere Auto und eigentlich hätte Peugeot den Fahrer- und den Markentitel locker gewinnen müssen. Und den zweiten R10 im Audi Sport Team Joest fuhren Dindo Capello und Allan McNish. Die beiden erfolgreichsten Audi-Sportwagen-Piloten sollten versuchen, für Audi das Unmögliche möglich zu machen und die schnelleren Peugeot zu schlagen. Die beiden Youngster hatte eigentlich niemand auf der Rechnung.

Doch es kam ganz anders. Peugeot gewann die ersten vier der fünf 1000-Kilometer-Rennen, verlor durch Unfälle und technische Probleme aber wertvolle Punkte. Und bei Capello/McNish war in der Saison 2008 von Anfang an der Wurm drin. In Barcelona riss ein Keilriemen. In Monza hatte Dindo Capello eine spektakuläre Kollision, in Spa Allan McNish. Am Nürburgring waren sie aufgrund eines Chassisproblems zu langsam.

Prémat/Rockenfeller fuhren dagegen fehlerfrei, holten dreimal in Folge den zweiten Platz und Rang drei auf dem Nürburgring. Damit lagen sie vor dem Finale in Silverstone in der Fahrerwertung nur zwei Punkte hinter den Tabellenführern Marc Gené und Nicolas Minassian im schnelleren Peugeot.

Fakt war: Wir waren konstant und standen bei den ersten vier Rennen immer auf dem Podium. Das letzte Rennen in Silverstone hätten wir sogar gewinnen können und lagen bis 20 Minuten vor Schluss in Führung, als wir ein Problem mit der Hinterradaufhängung bekommen haben. Es wurde noch einmal spannend, weil die Mechaniker die Teile, die sie wechseln mussten, nicht gleich fanden. Wir haben vier Runden verloren, sind am Ende aber noch Vierte geworden und haben die LMS gewonnen. Das hat mir natürlich unheimlich gutgetan, denn es war ein unerwarteter Titel. Wir hatten zwei superstarke Teamkollegen und mit Peugeot einen Gegner, der schneller war. Dass wir den Titel trotzdem gewonnen haben, hat einen hohen Stellenwert für mich. Auch Alex hat einen super Job gemacht. Wir haben während der ganzen Saison nicht einen Kratzer an das Auto gemacht.

Das Finale in Silverstone, in das Prémat und Rockenfeller mit zwei Punkten Rückstand gingen, war ein nervenaufreibender Krimi, der vor einer Rekordkulisse von 53.000 Zuschauern stattfand. Peugeot hatte das eindeutig schnellere Auto und stellte beide 908 in die erste Startreihe. Eigentlich rechnete niemand damit, dass Audi im Rennen gegen die Franzosen eine Chance haben würde.

„Unsere einzige Möglichkeit war, die Peugeot im Rennen irgendwie unter Druck zu setzen", erinnert sich Ralf Jüttner, der Technische Direktor des Audi Sport Team Joest. „Denn schon in den ersten vier Rennen hatte sich gezeigt, dass die Peugeot-Piloten dazu neigten, Fehler zu machen, wenn sie unter Druck standen."

So startete Allan McNish – Spitzname: „Terrier" – schon am Start einen Überraschungsangriff auf den Peugeot von Nicolas Minassian, der sich prompt drehte und später bei der

> *„Alex und ich haben während der ganzen Saison nicht einen Kratzer an das Auto gemacht."*
>
> *Mike Rockenfeller*

▼ *Mit Alexandre Prémat bei der offiziellen LMS-Meisterehrung 2008*

Aufholjagd spektakulär an einem GT-Fahrzeug hängen blieb. Damit waren die Tabellenführer raus aus dem Rennen und Prémat/Rockenfeller benötigten zum Titelgewinn nur noch einen sechsten Platz.

Und auch die Markenwertung ging völlig unerwartet noch nach Ingolstadt, nachdem Stéphane Sarrazin nach einer Safety-Car-Phase versuchte, den in Führung liegenden R10 von Dindo Capello in Turn 1 außenherum zu überholen, zu früh einlenkte und mit dem Audi kollidierte. Capello drehte sich gemeinsam mit Sarrazin von der Strecke, konnte aber mit drei Runden Rückstand weiterfahren.

Silverstone war wirklich ein Krimi und es war unglaublich, dass die Peugeot-Piloten solche Fehler gemacht haben. Aber sie hatten in ihren geschlossenen Cockpits auch eine schlechtere Übersicht als wir in unseren offenen Autos. Das haben wir dann später ja auch beim R18 gemerkt. Dindo und Allan haben jedenfalls das Finale gewonnen und wir den Titel. Natürlich hätten Alex und ich das Rennen in Silverstone auch gerne gewonnen, und lange Zeit sah es ja auch danach aus. Aber entscheidend war, dass wir den Fahrertitel geholt haben. Für Alex und mich war es ganz wichtig, diesen Titel einzufahren. Das Jahr in der LMS mit dem Team Joest hat mir viel Selbstvertrauen zurückgegeben, auch wenn ich weiter auf meinen ersten Sieg mit einem Audi warten musste.

Der sollte 2010 folgen. Ausgerechnet in Le Mans. //

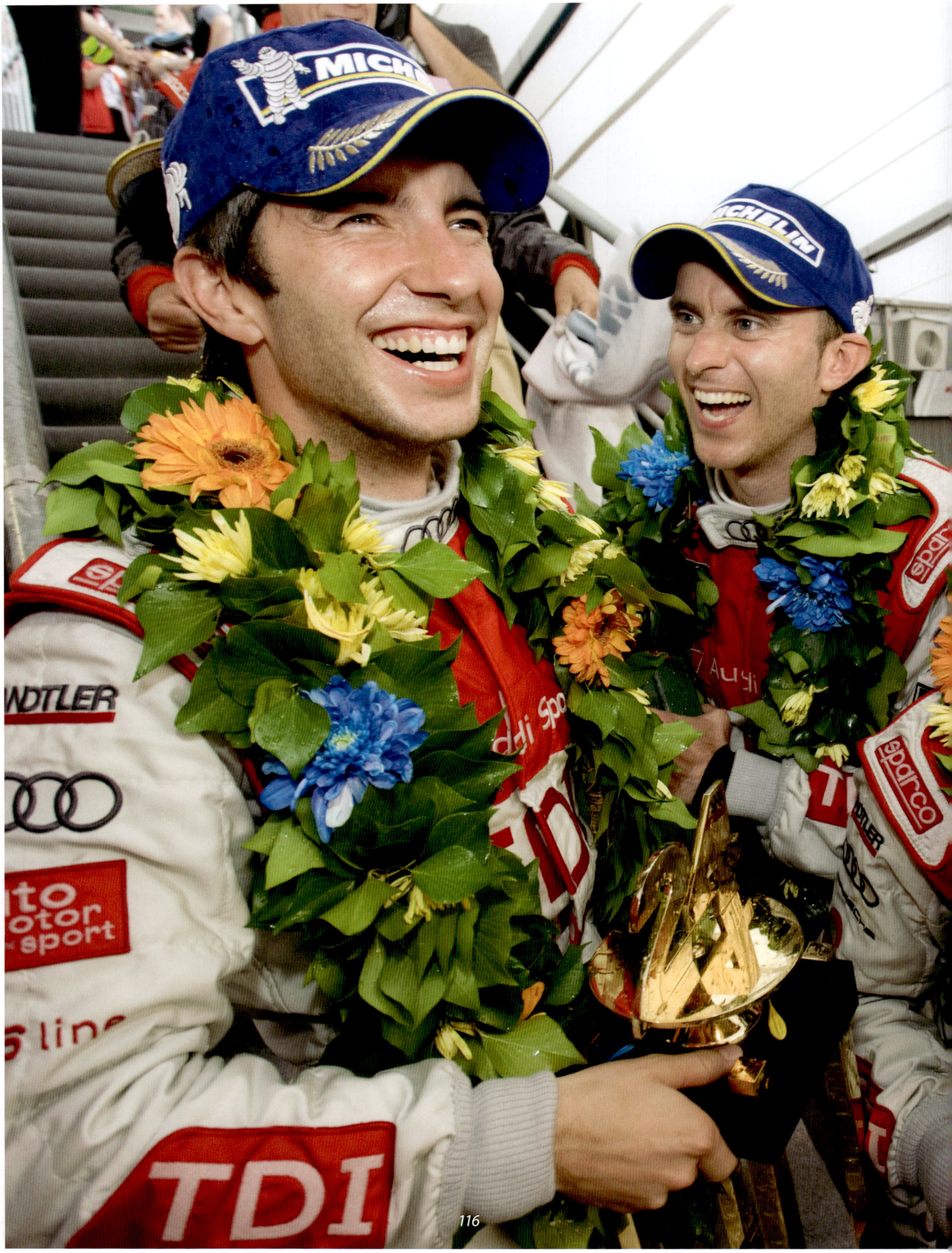
MICHELIN
ANDTLER
TDI
sparco

Ein Traum *wird wahr*

Nach drei enttäuschenden Le-Mans-Rennen mit Audi lief es für Mike Rockenfeller 2010 in Westfrankreich endlich wunschgemäß: Gemeinsam mit Timo Bernhard und Romain Dumas gewann er im Audi R15 TDI die 24 Stunden von Le Mans. Dabei gelang es sogar, den seit 39 Jahren bestehenden Distanzrekord aus der Saison 1971 zu übertreffen.

▲ *Le Mans 2008: mit Alexandre Prémat und Lucas Luhr*

▲ *Nach technischen Problemen blieb 2008 in Le Mans nur der undankbare vierte Platz*

Nur zwei Anläufe benötigte Mike Rockenfeller, um in Le Mans erstmals einen Klassensieg zu feiern. Der erste Gesamtsieg ließ wesentlich länger auf sich warten. „Rocky" musste zwei Ausfälle und einen enttäuschenden vierten Platz verdauen, ehe es 2010 mit Audi endlich klappen sollte – in einem denkwürdigen Rennen, das in die Geschichtsbücher des Motorsports einging.

Ein Jahr nach dem Unfall, den er sich bis heute nicht verziehen hat, kehrte „Rocky" nach Le Mans zurück. Dieses Mal mit einer wesentlich besseren Vorbereitung. Er hatte inzwischen fünf Rennen mit dem Audi R10 TDI bestritten: Laguna Seca, Sebring, Barcelona, Monza und Spa. Auch das Testprogramm war umfangreich. Bei Audi hatte man aus der bitteren Erfahrung von 2007 gelernt.

Der R10 war in seiner dritten und letzten Saison noch immer der notorische Untersteuerer aufgrund des schweren Motors im Heck, doch „Rocky" hatte sich nun daran gewöhnt und kam mit dem Auto zurecht. Das zeigte sich in der LMS, in der er nahezu auf Augenhöhe mit seinen routinierten Teamkollegen Dindo Capello und Allan McNish war. Deshalb war Le Mans 2008 wieder eine Enttäuschung – wenn auch in einer ganz anderen Dimension als 2007.

Ich fuhr wie im Vorjahr mit Alex Prémat und Lucas Luhr. Wir wären wohl Dritter geworden, hätten wir im Rennen nicht den Ölfilter wechseln müssen. Aber wir lagen weit hinter dem Siegerwagen von Dindo Capello, Allan McNish und Tom Kristensen. Unser Auto war in Le Mans ganz komisch zu fahren. Es war instabil beim Bremsen und wir haben das nicht in den Griff bekommen. Obwohl wir anders als im Jahr zuvor, als ich das Auto weggeschmissen hatte, den selben Motorstand hatten wie unsere Teamkollegen, war keiner von uns dreien in der Lage, mit den anderen mitzuhalten. Später sind Dindo Capello und Allan McNish in der LMS am Nürburgring ein Rennen mit unserem Monocoque aus Le Mans gefahren – das war das erste Mal, dass sie deutlich langsamer waren als Alex und ich. Irgendetwas hat da nicht gestimmt. Aber wir waren froh, in Le Mans bei schwierigen Bedingungen wenigstens angekommen zu sein. Mein persönliches Highlight kam in den frühen Morgenstunden, als ich im Dunkeln bei Nieselregen mit Slicks und Regenreifen das Tempo von Tom Kristensen mitgehen konnte, der zu dieser Zeit der schnellste Man im Feld war. Das hat mir unheimlich viel Selbstbewusstsein zurückgegeben, das nach Le Mans 2007 noch immer mächtig angekratzt war.

2009 kam der Audi R15 TDI – ein revolutionäres Auto mit einer neuartigen Aerodynamik mit einer Durchströmung des Fahrzeugs ähnlich wie beim R14 in der DTM. In Sebring gelang Audi damit ein knapper Sieg gegen Peugeot, und Allan McNish schwärmte davon, dass der R15 in Sebring der beste Sportwagen gewesen wäre, den er je gefahren hätte. Auch Mike Rockenfeller fühlte sich im R15 auf Anhieb wohl, ganz anders als 2007 beim ersten Test mit dem R10.

Ey, das Ding ging ab und hatte Abtrieb – unglaublich! Ich bin nie so schnell durch Turn 1 in Sebring gefahren wie mit dem R15. Doch dann kamen wir nach Le Mans … Die Peugeot sind Kreise um uns gefahren, waren vier Sekunden schneller. Meiner Meinung nach war das Konzept mit dem hohen Abtrieb für Le Mans im Nachhinein betrachtet nicht optimal. Wir mussten mit extrem hohem Luftdruck in den Reifen fahren. Außerdem verschmutzten die Kühler, die bei jedem Stopp gereinigt werden mussten. Da kamen ganz viele Probleme zusammen.

Rockenfeller fuhr den Start und folgte Allan McNish vier Stints lang wie ein Schatten. Wie ein gutes halbes Jahr zuvor in Laguna Seca kamen beide nach ihren Stints zeitgleich zurück an die Box. Das war wieder eine kleine Bestätigung für „Rocky". Es änderte aber nichts an der Tatsache, dass Peugeot viel schneller war. Ferdinand Piëch, Martin Winterkorn und Konzern-Generalsekretär Wendelin Göbel kamen in die Box und wollten von Rockenfeller wissen: „Warum sind Sie so langsam?"

Da hatte ich es erstmals mit der Konzernspitze zu tun. Da wurde mir noch einmal bewusst, welchen Stellenwert Le Mans für den Konzern hat. Aber es war schwierig, einen Grund dafür auszumachen, es gab einfach mehrere. Zum Beispiel auch, dass es 2009 keinen Vortest in Le Mans gab und wir erst in der Rennwoche mit

▼ Der Audi R15 TDI war 2009 nicht ausgereift. Nach einem Unfall von Lucas Luhr kam das vorzeitige Aus

▲ Le Mans 2009: mit Marco Werner und letztmals mit Lucas Luhr

▲ Deutlich überarbeitet: Rockenfeller beim Roll-out des intern „R15 plus" genannten Audi für 2010

▲ Neue Teamkollegen für die Saison 2010: Timo Bernhard und Romain Dumas

„2009 hatten wir viele Kinderkrankheiten. 2010 waren sie ausgeräumt: Der R15 plus lief wie ein Uhrwerk."

Mike Rockenfeller

▶ Die Startnummer 9 bei der Technischen Abnahme: Da ahnte noch keiner, dass dieses Auto Le-Mans-Geschichte schreiben würde

den Problemen konfrontiert wurden – da war es natürlich zu spät, etwas zu ändern. Lucas Luhr hatte dann am Abend einen ominösen Unfall in den Porsche-Kurven und wir waren wieder raus aus dem Rennen. Da war ich also dreimal mit Audi in Le Mans, habe zweimal die Nacht nicht erlebt und bin einmal als Vierter angekommen. Keine tolle Bilanz. Wir haben uns das Rennen 2009 bis zum Ende angesehen und miterlebt, wie Peugeot gewonnen hat. Der beste Audi ist Dritter geworden, nachdem permanent die Kühler sauber gemacht werden mussten.

Der R15 TDI wurde 2009 nur bei drei Rennen eingesetzt. Gegen Saisonende startete Audi noch bei Petit Le Mans in Road Atlanta. Dort war das Auto mit seinem hohen Abtrieb wieder schnell und auch die Probleme mit den Kühlern traten nicht auf. Aber das Rennen wurde wegen sintflutartiger Regenfälle abgebrochen und nicht mehr neu gestartet. Zum Zeitpunkt des Abbruchs lag zufällig gerade Peugeot vorne. Es war einfach kein Audi-Jahr.

Für 2010 entwickelte Audi Sport nicht nur eine neue Version des heiklen R15 TDI, der intern „R15 plus" genannt wurde. Auch im Fahrerkader gab es Veränderungen: Mit Marcel Fässler, André Lotterer und Benoît Tréluyer kamen drei neue Piloten. Lucas Luhr, Alexandre Prémat und Marco Werner wurden aussortiert. Damit stand „Rocky" ohne seine bisherigen Teamkollegen da und machte sich früh dafür stark, ein Team mit Timo Bernhard und Romain Dumas zu bilden.

Die beiden kannte ich ja noch aus der Zeit bei Porsche sehr gut. Ich wusste, das passt. Menschlich, aber auch sonst. Wir konnten einen Sitz verwenden und brauchten beim Fahrerwechsel keinen Sitzwechsel. Wir waren in dieser Kombination schon einmal in Daytona gefahren. Mit Romain bin ich in Road Atlanta mit dem RS Spyder gestartet, mit Timo habe ich 2006 das 24-Stunden-Rennen auf dem Nürburgring gewonnen.

2010 verzichtete Audi auf einen Renneinsatz in Sebring, nutzte den harten Kurs in Florida aber wie gewohnt zu Testfahrten – und die brachten gleich wieder einen Rückschlag.

Der R15 plus hatte in Sebring sehr wenig Abtrieb auf der Hinterachse. Ohne Gurney am Heckflügel war das Ding praktisch unfahrbar. Das sagte schon jeder, bevor ich eingestiegen bin. Und dann habe ich das Auto in Turn 17 verloren und bin rückwärts eingeschlagen. Zum Glück konnten wir das Auto vor Ort reparieren und den Test fortsetzen. Wir haben auch etwas am Auto geändert, sodass es leichter fahrbar war.

Vor dem Rennen in Le Mans hatte Audi zwei Testeinsätze ins Programm aufgenommen: den LMS-Auftakt in Le Castellet und das 1000-Kilometer-Rennen in Spa. Für Le Castellet war nur ein Auto fertig, das fuhren Dindo Capello und Allan McNish. Der R15 plus lief in dem 8-Stunden-Rennen technisch problemlos und gewann. Allerdings startete in Le Castellet nur ein privater Vorjahres-Peugeot des ORECA-Teams.

Die erste richtige Standortbestimmung fand in Spa statt. Das Rennen musste wegen eines Stromausfalls unterbrochen werden, Regenschauer sorgten für schwierige Bedingungen. Audi startete mit der auf Le Mans ausgelegten „Low Downforce"-Variante und tat sich in Spa damit schwer. Peugeot feierte einen klaren Doppelsieg.

▼ *Mit Ralf Jüttner, dem Technischen Direktor, und Teamchef Reinhold Joest*

▼ *Zu Beginn des Rennens sah es nicht danach aus, als hätte Audi eine Chance, die schnelleren Peugeot zu schlagen*

▼ *Bereit für den nächsten Fahrerwechsel*

Dann kam Le Mans und Audi war nicht schnell genug. Die ersten beiden Startreihen waren fest in Peugeot-Händen. Kleiner Trost: Die Zeitabstände waren geringer als im Jahr zuvor und „Rocky" gelang im Qualifying am Donnerstagabend mit 3.21,981 Minuten die schnellste Zeit innerhalb der Audi-Mannschaft. Damit unterbot er sogar die internen Simulationen von Audi Sport um rund zwei Zehntelsekunden.

Wir waren so schnell wie berechnet, im Vergleich zu den Peugeot aber einen Tick zu langsam. Unsere Stärke war, dass wir anders als im Jahr zuvor keine Kinderkrankheiten mehr hatten. Der R15 plus war technisch aussortiert und lief wie ein Uhrwerk. Wir konnten mit allen drei Autos im Rennen von Anfang an voll pushen – und haben die Peugeot damit ins Verderben getrieben. Von denen ist einer nach dem anderen kaputtgegangen und die Peugeot-Jungs konnten einem fast leidtun. Als der letzte 908 raus war, flossen am Kommandostand Tränen. Das ist Le Mans!

Nicht nur die drei Audi R15 TDI waren zuverlässig, auch die drei Audi-Fahrerteams waren 2010 auf einem Niveau. Dindo Capello, Tom Kristensen und Allan McNish waren noch immer die Platzhirsche. Timo Bernhard, Romain Dumas und Mike Rockenfeller kamen erwartungsgemäß gut zurecht. Und auch das neue Trio mit Marcel Fässler, André Lotterer und Benoît Tréluyer war schlagkräftig.

Am Anfang erlebten die Fans eine „Peu-Show". Die vier 908 fuhren nach dem Start auf den ersten vier Positionen, die drei R15 folgten dahinter im Formationsflug mit Respektabstand. Der Unterschied in den Rundenzeiten war im Rennen noch einmal geringer als im Training. Anders als im Vorjahr konnten die Audi-Piloten Druck ausüben und in Schlagdistanz bleiben. Peugeot durfte sich keine Fehler erlauben.

Bernhard/Dumas/Rockenfeller waren schon der bestplatzierte Audi, als ein Missverständnis zwischen BMW-Pilot Andy Priaulx und Tom Kristensen die Gewinner von 2008 um ihre Siegchance brachte: Der Däne kreiselte ins Kiesbett und verlor dort und bei der anschließenden Reparatur an der Box mehrere Runden.

Zu diesem Zeitpunkt war der von der Pole-Position gestartete Peugeot schon raus aus dem Rennen und auch die anderen

▼ *Ab Sonntagmorgen richteten sich alle Kameras auf Bernhard, Dumas und Rockenfeller*

drei Peugeot liefen nicht problemlos. So lagen bei Halbzeit die beiden besten Audi bereits auf den Plätzen zwei und drei. Und das Pendel schlug allmählich in Richtung der Startnummer neun mit Timo Bernhard, Romain Dumas und Mike Rockenfeller aus, deren R15 TDI bis auf einen bei einem Boxenstopp abgerissenen Rückspiegel keine Sorgen bereitete.

Es waren Kleinigkeiten, die entscheidend waren: Benoît Tréluyer touchierte nachts einen Abweiser und musste die Fronthaube wechseln lassen. Auch André Lotterer benötigte eine neue Fronthaube, als er sich verbremste und in der Arnage-Kurve in einen Reifenstapel rutschte.

Kurz nach 7 Uhr am Sonntagmorgen überschlug sich die Stimme des Streckensprechers, als der führende Peugeot mit einem Motorschaden ausrollte. Damit übernahmen Timo Bernhard, Romain Dumas und Mike Rockenfeller die Führung, die sie bis ins Ziel nicht mehr abgeben sollten. Die beiden verbliebenen Peugeot raffte es in Stunde 22 und 23 ebenfalls durch Motorschäden dahin. Damit war für Audi nicht nur ein unerwarteter Dreifachsieg perfekt. Timo Bernhard, Romain Dumas und Mike Rockenfeller legten bei ihrer Siegesfahrt auch insgesamt 397 Runden zurück. Mit der Distanz von 5.410 Kilometern brach das Trio den aus dem Jahr 1971 stammenden Rekord von Dr. Helmut Marko und Gijs van Lennep im Porsche 917, der als unschlagbar galt, weil damals auf der Hunaudières-Geraden noch ohne Schikanen gefahren wurde.

Wir haben im Rennen gepusht, was das Ding hergegeben hat. Alle drei Autos waren im Rennen gleich gut. Das McNish-Auto hatte früh Pech durch den Unfall von Tom. Aber das Lotterer-Auto war immer dicht an uns dran und hat genauso gepusht wie wir. Als André morgens in der Virage d'Arnage geradeaus in die Reifenstapel gefahren ist, war das die Vorentscheidung. Le Mans nach all den Tragödien der Jahre zuvor endlich zu gewinnen war natürlich ein absolutes Highlight für mich. Kaum zu glauben, dass das mein erster Sieg mit einem Audi war ... Timo, Romain und ich haben alle drei gut harmoniert. Wir hatten Spaß und jeder hat seinen Teil zum Sieg beigetragen. Wir hatten nach dem Rennen wirklich das Gefühl, einen guten Job gemacht zu haben. Natürlich hatten wir Glück, dass die Peugeot alle kaputtgegangen sind. Aber das gehört in Le Mans dazu. Für uns war entscheidend, dass wir unsere Schwesterautos im Griff hatten und geschlagen haben – und zwar nicht durch Glück, sondern weil wir schnell waren. Das ist im Motorsport immer die Messlatte: Man will gewinnen, aber erst einmal musst du deine Teamkollegen schlagen.

Für „Rocky" war der Sieg in Le Mans 2010 ein Befreiungsschlag. Es standen Vertragsverhandlungen mit Audi an. Als Le-Mans-Sieger und weil es auch in der DTM nach dem Wechsel zu

▶ *Mike Rockenfeller auf dem Weg zum Rekordsieg*

▶ *Geschafft: „Rocky" als Gesamtsieger auf dem Podium in Le Mans*

Phoenix viel besser lief, war klar, dass auch seine Zukunft bei Audi liegen würde.

„Rockys" Eltern waren 2010 in Le Mans nicht dabei. „Wir haben damals gesagt, am besten fahren wir nie mehr mit nach Le Mans, denn immer, wenn wir da sind, passiert etwas", erzählt Anne Rockenfeller. „Also sind wir 2010 zu Hause geblieben, sind 24 Stunden vor dem Fernseher gesessen und haben uns mit ihm gefreut. Natürlich haben wir uns etwas geärgert, dass wir nicht dabei waren, aber wir sind da ein bisschen abergläubisch und ängstlich."

Nachdem es ihr Sohn 2010 endlich geschafft hatte, fuhren sie 2011 wieder mit nach Le Mans – und erlebten ein Jahr nach dem größten Triumph die dramatischsten Stunden in der Karriere des Mike Rockenfeller hautnah mit. //

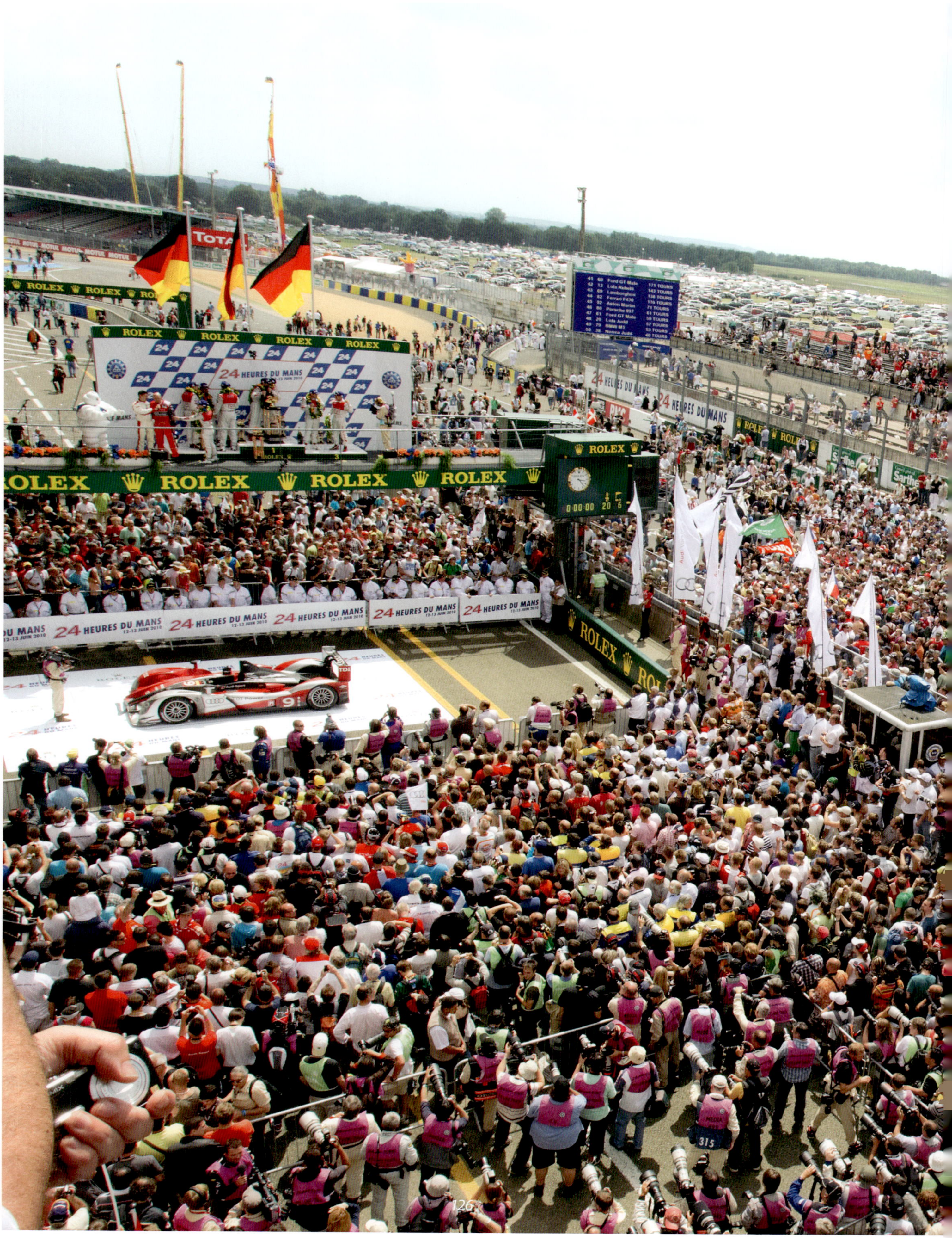
ROLEX
24 HEURES DU MANS
TOTAL

„Le Mans 2010 zu gewinnen war wie ein Befreiungsschlag für mich."

Mike Rockenfeller

▶ **Legendär:**
der berühmte
Handabdruck
nach dem
Rennen für die
Plakette im
Stadtzentrum

▲ Zeichensprache: Platz eins, zwei, drei für Audi

◀ Steffi Medele, bei Audi Sport für die Organisation im LMP-Bereich zuständig

◀ Nach der Siegerehrung im Teambereich hinter den Boxen

◀ Glückliche Mechaniker des Audi Sport Team Joest

▲ Dieses Mal selbst nicht auf Platz eins, aber trotzdem happy: Le-Mans-Rekordsieger Tom Kristensen

◀ Timo Witt (links), Motoren-Ingenieur des Siegerwagens, und Stefan Dreier (rechts)

◀ Feierlicher Empfang am Abend in der Team-Hospitality

▲ Gratulation von Audi-Motorsportchef Dr. Wolfgang Ullrich an das Siegertrio. Er glaubte immer an „Rocky"

„Timo, Romain und ich haben alle drei gut harmoniert. Wir hatten Spaß und jeder hat seinen Teil zum Sieg beigetragen."

Mike Rockenfeller

▶ Mike Rockenfeller, Timo Bernhard und Romain Dumas mit dem siegreichen Audi R15 TDI (Chassisnummer R15-204)

Audi Sport
Team Joes
TDI
Power
Audi Sport
MICHELIN
MAHLE
TAGHeuer
O.Z
R.Dumas

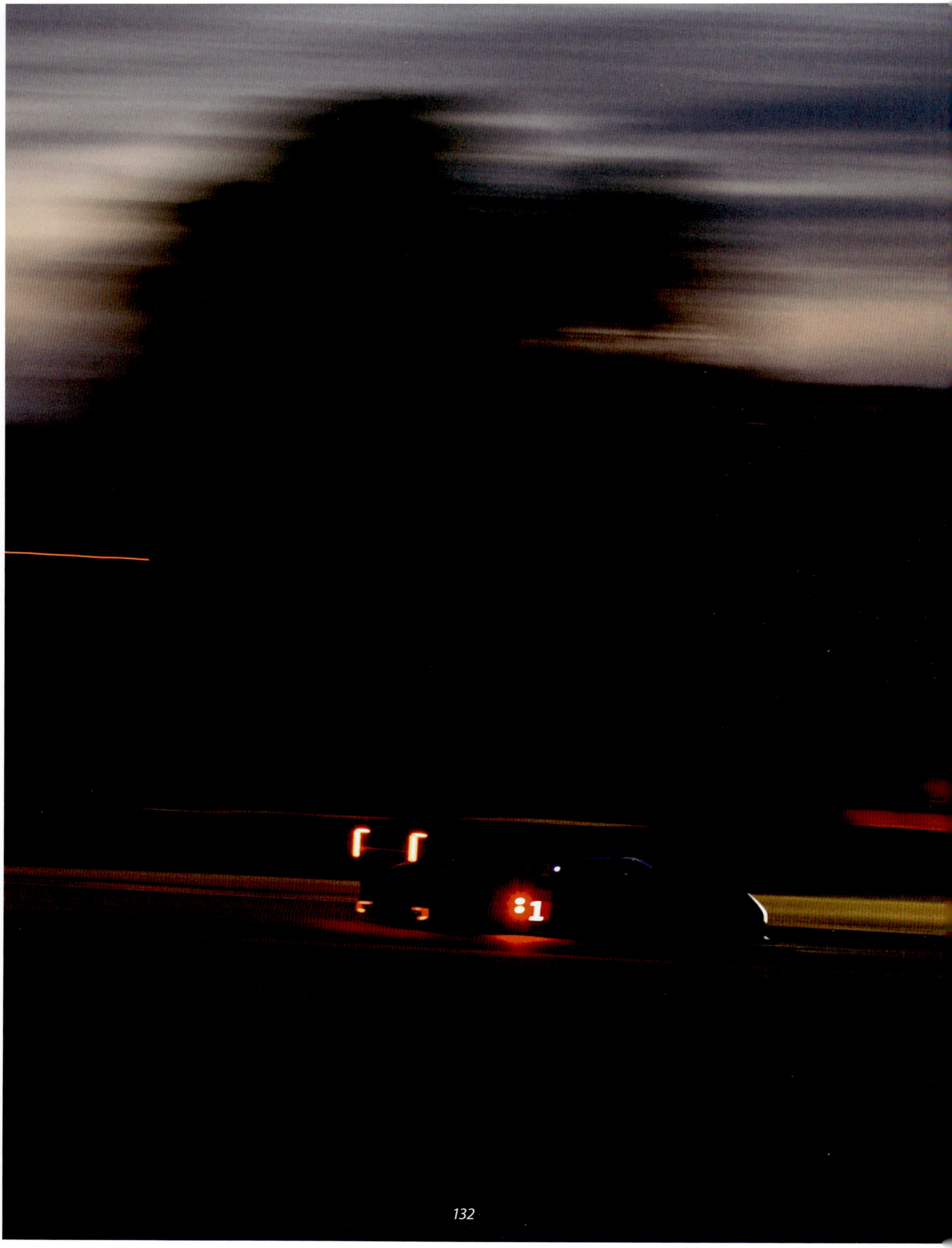

Horror vor Mitternacht

Ein Jahr nach dem großen Triumph erlebte Mike Rockenfeller Le Mans von einer anderen Seite: Nach einer Kollision mit einem GT-Fahrzeug verunglückte er 2011 an einer der schnellsten Stellen der Strecke schwer. Die Momente danach werden seine Eltern, seine Freundin und „Rocky" selbst nie mehr vergessen.

Den Sieg in Le Mans 2010 feierte „Rocky" bis spät in den Abend hinein. Es gab die zweite Rolex in einem Jahr, Demofahrten in den Audi-Werken in Ingolstadt und Neckarsulm und Mike Rockenfeller spürte, welchen Stellenwert der Motorsport für die Audi-Mitarbeiter und welche besondere Bedeutung ein Le-Mans-Sieg hat.

Auf einmal ist man extrem gefragt. Bei Audi, bei Veranstaltungen, von den Medien – egal ob Zeitung oder Fachpresse, national wie international. Das hat extrem gutgetan, nachdem ich in der DTM über Jahre irgendwo im Mittelfeld versunken war. Wobei 2010 nicht nur wegen des Le-Mans-Sieges ein gutes Jahr war: In der DTM lief es mit Phoenix besser und ich habe im selben Jahr Daytona und Le Mans gewonnen.

Für 2011 arbeitete Audi an einem völlig neuen Sportwagen. Der R18 TDI war der erste geschlossene Prototyp von Audi seit dem R8C von 1999. Angetrieben wurde er von einem kompakten V6-TDI-Motor mit 3,7 Liter Hubraum. Downsizing war die Devise und ultra-Leichtbau. Audi entwickelte ein neuartiges Verfahren, mit dem das Kohlefaser-Monocoque des R18 in einem Stück gefertigt werden konnte – das rettete Mike Rockenfeller im Juni 2011 möglicherweise das Leben.

Der R18 TDI wurde im Dezember 2010 beim Audi Sport Finale in der Audi Sport Arena in Ingolstadt feierlich präsentiert. Davor hatte der neue LMP1 bereits mehrere Tests absolviert und Mike Rockenfeller fand das Auto auf Anhieb klasse – trotz der vom Reglement vorgegebenen ziemlich eingeschränkten Sicht aus dem Cockpit, über die 2011 alle LMP-Piloten klagten.

Wie beim R15 plus war ich bei allen Tests dabei, die ich fahren konnte. Ich habe mich im R18 wohlgefühlt. Die Sicht war eingeschränkt, aber das war ein Reglement-Thema und hatte nichts mit meinem Unfall in Le Mans zu tun. Das Auto war toll zu fahren, aber ganz anders als der R10 und der R15. Für mich als Fahrer ist ein geschlossenes Auto – von der Sicht einmal abgesehen – entspannter zu fahren als ein offenes Fahrzeug. Du hast keinen Wind am Helm, der Kopf ist viel ruhiger. Im offenen Auto hast du Turbulenzen, wenn du hinter einem anderen Auto herfährst. Ein Thema sind die Scheibenwischer bei Regen, weil die Scheibe stark gewölbt ist. Und wenn du Öl auf die Scheibe bekommst, kannst du nicht einfach ein Visier abreißen. Natürlich ist es im geschlossenen Auto auch etwas wärmer und die Fahrerwechsel

◀ *Feierliche Präsentation des neuen Audi R18 TDI Ende 2010 in Ingolstadt*

◀ *Beim 12-Stunden-Rennen in Sebring kam noch einmal der R15 plus zum Einsatz*

◀ *Testfahrten in Sebring nach dem Rennen mit dem neuen R18 TDI*

◀ *Viele zusätzliche Funktionen: Lenkrad des R18 TDI*

sind komplizierter. Aber wir wussten: Wenn wir Peugeot über die Schnelligkeit schlagen wollten, dann mussten auch wir mit einem geschlossenen Auto kommen.

In Sebring kam zu Saisonbeginn noch einmal der R15 plus zum Einsatz, weil der R18 noch nicht einsatzbereit war. Wie schon 2009 war der R15 in Sebring schnell, doch zwei Reifenschäden verhinderten einen Sieg. Auch das zweite Auto hatte Probleme.

Sein Renndebüt feierte der neue Audi R18 TDI in Spa. Timo Bernhard stellte das in Carbonschwarz gestaltete Auto mit der Startnummer 1 auf die Pole-Position. Im Rennen waren die neuen Peugeot 908 etwas schneller und Audi musste sich mit den Plätzen drei, vier und fünf begnügen.

Beim Testtag in Le Mans fuhr Tom Kristensen die schnellste Zeit knapp vor Rockenfeller. Der R18 TDI fühlte sich gut an auf der Strecke, auch wenn es bis zum Rennen noch ein paar Kinderkrankheiten zu lösen gab. Doch erstmals seit „Rocky" für Audi in Le Mans startete, hatte er das Gefühl, ein wirklich schnelles Auto zu haben – vielleicht sogar das schnellste im Feld. Audi und Peugeot begegneten sich auf Augenhöhe. Die Fans durften sich auf ein außergewöhnliches Rennen freuen.

Benoît Tréluyer holte in der Rennwoche die Pole-Position. Romain Dumas war lediglich 0,061 Sekunden langsamer. Audi gehörten die beiden besten Startplätze.

Für „Rocky" war es eine besondere Woche. Als amtierender Le-Mans-Sieger war er besonders gefragt. In der Innenstadt von Le Mans wurden die Handabdrücke der Vorjahressieger feierlich enthüllt. Von Michelin bekamen sie Karts geschenkt. Papa Rockenfeller holte das seines Sohnes ab, baute es auseinander und packte es in das Wohnmobil, das wie immer auf dem Circuit Bugatti stand.

Trotz des Aberglaubens und der Sorge, dass immer dann etwas passiert, wenn sie in Le Mans dabei sind, fuhren „Rockys" Eltern mit dem Wohnmobil vom DTM-Rennen in Spielberg direkt nach Le Mans. „Wir hatten uns überreden lassen, das Wohnmobil zu bringen und dann sind wir natürlich auch dageblieben", erzählt Anne Rockenfeller. „Es war eine tolle Woche – bis zum Unfall."

SAT.1 drehte eine TV-Dokumentation über Audi und Le Mans und wählte Mike Rockenfeller als Hauptdarsteller – ohne zu ahnen, wie dramatisch der Film werden würde.

„Es war eine wunderschöne Woche mit wunderschönem Wetter", so Anne Rockenfeller. „Aber dann kam der Renntag. Und da steht man schon anders auf und hat andere Gedanken.

▼ *Mit Dach über dem Kopf: Erstmals seit 1999 baute Audi wieder einen geschlossenen LMP – das rettete „Rocky" vielleicht das Leben*

▶ *Zurück in Le Mans: die Sieger von 2010 bei der Enthüllung der Handabdrücke im Stadtzentrum*

▲ Erstmals mit der Startnummer 1 in Le Mans und mit einem speziellen, schwarzen Design

▲ Start zu einem denkwürdigen Le-Mans-Rennen, bei dem zwei der drei gestarteten Audi durch schwere Unfälle ausschieden

▲ Kurz vor dem Unfall: Mike Rockenfeller bereit für den Fahrerwechsel

Eigentlich habe ich erst Wochenende, wenn ein Rennen vorbei ist – selbst in der DTM. Wenn ich die Melodie der Sportschau höre, fängt es bei mir im Magen schon an zu grummeln. Ich glaube, das ist bei allen Müttern so. Mein Mann ist da etwas abgebrühter."

„Ich habe auch Angst um Mike, speziell seit dem Unfall 2011 und in Le Mans", sagt „Rockys" Vater. „Die Geschwindigkeiten bei den Sportwagen sind schon etwas anders als in der DTM. Aber auch da kann trotz aller Sicherheit immer etwas passieren."

Rockenfellers Partnerin Susanne Schaller war 2011 zu Hause geblieben. „Es hat wegen meiner Arbeit nicht funktioniert", sagt sie. „Ich erinnere mich noch daran, dass es ein schöner Sommertag war. Mein Bruder und seine Freundin kamen zu Besuch und wir haben uns gemeinsam den Start angeschaut. Ich hatte alles bereitgestellt mit Laptop und Fernseher, denn man musste damals zwischen Eurosport und Eurosport 2 hin- und herschalten. Da lief auch noch Frauenhandball. Wir haben den schlimmen Unfall von Allan McNish gesehen und waren heilfroh, dass ihm und den Zuschauern nichts passiert war."

„Der war schon heftig", nickt Anne Rockenfeller. „Ich hab die Frau McNish aus dem Büro in der Team-Hospitality herauskommen sehen. Sie war am Weinen. Man hat ja das Schlimmste gedacht, auch wegen der ganzen Leute drumherum. Dass ich da abends auch reinmuss, damit habe ich in diesem Moment nicht gerechnet."

Der Unfall von Allan war natürlich einschneidend. Alle waren geschockt und froh, dass es ihm gut ging und keiner was abbekommen hatte. Aber dann haben wir uns schnell wieder auf unseren Job konzentriert.

Vom Start weg bestimmten die drei Audi R18 TDI das Tempo. Allan McNish hatte gerade die Führung übernommen, als er hinter dem Dunlop-Bogen an einem GT-Ferrari hängen blieb, die Hinterradaufhängung brach und sein Audi mit hoher Geschwindigkeit von der Strecke flog. Die Bilder des spektakulären Überschlags gingen um die Welt. Da waren es nur noch zwei Audi gegen vier Peugeot.

Wir waren richtig schnell. Endlich waren wir auf einem Niveau mit den Peugeot. Wir sind damals vier Stints auf einem Reifensatz gefahren und den ersten Vierfachstint hat Timo absolviert. Er hat in Tertre Rouge eine der Bananen getroffen und musste an die Box, um sich eine neue Fronthaube abzuholen. Dadurch hingen wir ein bisschen zurück, aber das war nicht schlimm. Dann war Romain dran. Auch er fuhr einen Vierfachstint und hat sich bei einem missglückten Überholversuch einmal in Tertre Rouge gedreht. Auch das hat Zeit gekostet und wir lagen etwa eine Minute hinter dem Führenden, das war unser Schwesterauto mit Fässler/Lotterer/Tréluyer.

Um 20:16 Uhr übernahm „Rocky" den schwarzen R18 mit der Chassisnummer 104 auf Platz fünf von Dumas. „Ihr müsst euren Rhythmus finden", gab ihm Ralf Jüttner, der Technische Direktor des Audi Sport Team Joest, mit auf dem Weg. Daheim in der Schweiz ärgerte sich Susanne darüber, dass auf Eurosport

▲ *Eines der letzten Bilder, die den Audi R18 TDI mit der Startnummer 1 vor dem Unfall zeigen*

Frauenhandball lief. Anne und Helmut Rockenfeller saßen im Vorraum der Audi-Hospitality, dem Treffpunkt für Journalisten und Gäste, und verfolgten die Aufholjagd ihres Sohnes.

Dort liefen die Bilder des Fernsehens, aber auch die Onboard-Kameras der drei Audi R18 TDI. Ein Bildschirm war bereits dunkel – der von Allan McNish.

„Rocky" war schnell. Er holte im Schnitt eine halbe Sekunde pro Runde auf den führenden André Lotterer im Schwesterauto auf und machte Platz um Platz gut. Um 22:15 Uhr hatte er alle drei Peugeot überholt und war Zweiter.

Es lief super. Ralf hatte gesagt: Findet euren Rhythmus. Bei Timo und Romain war es noch nicht richtig rund gelaufen, wobei die beiden nichts dafür konnten. Wir wussten: Wenn wir jetzt pushen und alles richtig machen, dann können wir das Schwesterauto wieder einholen. Ich bin dabei kein unnötiges Risiko eingegangen – das bringt in Le Mans nichts, schon gar nicht so früh im Rennen.

Es waren nur noch drei oder vier Runden bis zum Fahrerwechsel zu Timo Bernhard. In der Schweiz schaltete Susanne zwischen Eurosport und Eurosport 2 hin und her, fand aber nur Frauenhandball. Papa Helmut marschierte in Richtung Joest-Box, um seinen Sohn nach dessen Vierfachstint zu empfangen. Mama Anne blieb in der Audi-Hospitality.

Um 22:41 Uhr froren die Bilder der Onboard-Kamera in „Rockys" R18 plötzlich ein. Die letzten Sekunden davor ließen in der Dunkelheit erahnen, dass gerade etwas ganz Heftiges passiert war: Das Auto bog bei hoher Geschwindigkeit plötzlich nach links ab. Dann sah man nur noch ganz kurz hell von den Scheinwerfern angestrahlte Leitplanken und dann blieb das Bild stehen.

„Rocky, are you okay?", funkte Renningenieur Kyle Wilson-Clarke, der sofort begriffen hatte, dass es sein Auto erwischt hatte. Der schwarze Punkt auf der digitalen Streckenkarte, der die Position des R18 darstellte, bewegte sich nicht mehr. Kyle bekam keine Antwort.

Das Fernsehen zeigte inzwischen erste Bilder von der Unfallstelle, die wie nach einem Flugzeugabsturz aussah. Niemand konnte im Dunkeln erkennen, zu welchem Auto das nackte Monocoque mit dem Motor dran gehörte, das bei der Anfahrt zur Indianapolis-Kurve lag, einer der schnellsten Stellen des Kurses.

„Der Unfall sah sehr schlimm aus und ich dachte nur: oh wei, oh wei, wer ist da bloß verunglückt?", erzählt Anne Rockenfeller noch heute mit bebender Stimme und Tränen in den Augen. „Alle hielten die Luft an und auf einmal sagte jemand am Nachbartisch: ‚Das ist Rocky.' Ab da habe ich nur noch geweint und bin zu den Mädels am Counter gelaufen und habe immer wieder gesagt: nicht mein Mike, nicht mein Mike."

„Mir war kotzübel, aber ich habe den Arzt im Krankenhaus gefragt, ob er einen Computer hat, auf dem ich mir den Unfall ansehen kann."

Mike Rockenfeller

▼ *Die TV-Aufnahmen zeigen die ganze Dimension des Unfalls und die Betroffenheit an der Box nach dem Crash*

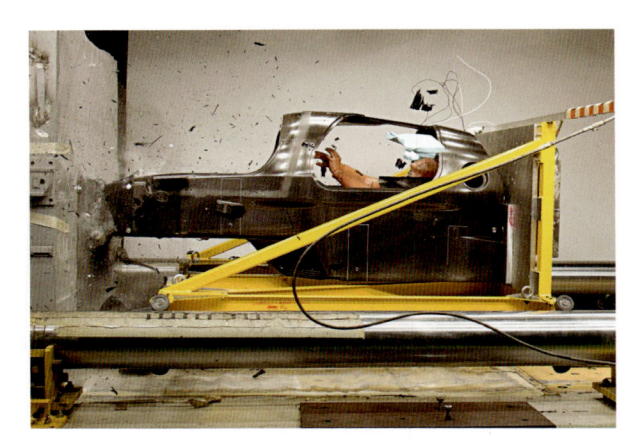

▲ *Hoher Sicherheitsstandard: R18-Monocoque beim vorgeschriebenen FIA-Crash-Test*

„Wir sind Audi dankbar, dass sie unserem Sohn ein so sicheres Auto gebaut haben, mit dem man einen derart schweren Unfall überleben kann."

Anne und Helmut Rockenfeller

Anne Rockenfeller wurde in die Audi Doctor's Lounge über den Boxen gebracht und dort betreut. „Ich habe gezittert, war durcheinander und traurig. Ich dachte mir, wenn die dir jetzt eine Spritze geben, dann läufst du weg."

Vater Helmut stand hinter der Box, aber auch dort wusste man lange nichts Genaues. Er sah nur überall in betroffene und fassungslose Gesichter. André Lotterer passierte das Wrack auf der Strecke. Nicht einmal er erkannte, dass es sich um einen R18 handelte. „Who is it?", fragte er seine Renningenieurin. „André, it's Rocky", war die kurze und knappe Antwort.

Inzwischen hatte auch das Fernsehen mitbekommen, dass es sich bei dem schwer verunglückten Wagen um den Audi R18 TDI des Vorjahressiegers Mike Rockenfeller handelte. Daheim in der Schweiz machte sich Annett Werner, die Frau von Marco Werner, auf den Weg zu „Rockys" Partnerin, um ihr beizustehen. Völlig aufgelöst klingelte sie bei Susanne und sagte nur: „Es tut mir so leid!"

Susanne: „Oh Gott, was ist denn passiert?"

Annett: „Der Mike hatte einen schweren Unfall."

Marco Werner, der als TV-Kommentator in Le Mans war, hatte seine Frau geistesgegenwärtig angerufen und gesagt, sie solle schnell zu Susanne fahren, weil sie bestimmt allein zu Hause wäre. Als nächstes rief Lucas Luhr aus Le Mans an und versprach ihr, sofort Informationen durchzugeben, sobald er Näheres wusste.

Susanne sah die Bilder von der Unfallstelle und das heruntergelassene Tor an der Audi-Box und begann zu hoffen und zu beten: „Nicht zu wissen, wie es ihm geht, war ganz schlimm. Jeder hat spekuliert und darüber philosophiert, was da gerade passiert ist."

Rockenfeller war kurz vor dem Fahrerwechsel bei Tempo 300 mit dem GT2-Ferrari des amerikanischen Hobby-Rennfahrers Rob Kaufmann kollidiert. Der Ferrari hatte den Audi am linken Hinterrad erwischt. Der R18 war schlagartig nach links abgebogen und ungebremst mit 270 km/h frontal in die Leitplanken gekracht. Horror pur.

Ich glaube, ich konnte nicht einmal mehr die Bremse antippen. Wenn du mit über 300 km/h neunzig Grad abbiegst, dann ist da nur die Straßenbreite, die Wiese und die Leitplanke. Das ging unheimlich schnell, kam mir aber extrem lang vor. Der Einschlag war megahart. Ich habe mich im Auto festgehalten und beim Aufprall vor Schmerzen geschrien. Diese ungeheure Kraft, die da auf mich gewirkt hat, habe ich noch ganz lange gespürt. Dann habe ich nur gedacht: Hoffentlich stehe ich nicht mitten auf der Strecke, dass mir noch einer reinfährt. Das Auto hatte ja auch kei-

ne Lichter mehr. Der Feuerlöscher war losgegangen, deshalb war alles voll Pulver, auch mein Helm. Ich bin dann selbst ausgestiegen und über die Leitplanke gesprungen und ohnmächtig geworden. Wieder aufgewacht bin ich, als mir jemand mit der Taschenlampe ins Auge geleuchtet hat und auf Französisch weitergegeben hat, dass die Pupillen reagieren. Ich hatte ziemlich starke Schmerzen im Nacken, der auch ein bisschen geschwollen war, und eine Schnittwunde am Knie und am Kinn von der Schnalle. Der Helm war oben ein Stück weit gebrochen. Es war ein extrem harter Aufprall und ich hatte sehr viel Glück, dass ich keine inneren Verletzungen und keine Brüche hatte. Ich bin immer mal wieder weg gewesen auf der Wiese und weiß noch, dass ich sehr müde war und schlafen wollte. Ich stand natürlich unter Schock und die Streckenposten haben immer wieder gesagt, ich solle wach bleiben. Auch im Krankenwagen sollte ich die ganz Zeit reden, weil sie Angst hatten, dass ich wieder ohnmächtig werde. Im Medical Center haben sie mir dann direkt Infusionen gegeben. FIA-Präsident Jean Todt war da, unser Audi-Arzt „Doc" Christian John und auch Jürgen Pippig, der mir die Hand streichelte. Aber so genau weiß ich das alles nicht mehr, denn ich war ziemlich platt. Allerdings habe ich relativ schnell, ich glaube, noch ehe ich im Krankenwagen lag, gedacht: Scheiße, das Rennen ist gelaufen. Wir wollten doch gewinnen …

Rockenfeller war zu diesem Zeitpunkt noch nicht bewusst, mit wie viel Glück er gerade einen Megaunfall überlebt hatte. Die guten Nachrichten sprachen sich langsam zur Box durch. Um Mitternacht veröffentlichte Audi ein erstes kurzes Kommuniqué: „Mike Rockenfeller wurde nach seinem Unfall mit der Startnummer 1 zunächst ins Medical Center an der Strecke gefahren. Er ist ansprechbar und wurde inzwischen für weitere Untersuchungen in ein Krankenhaus gebracht."

„Als ich gehört habe, dass es ihm so weit gut geht, da war ich natürlich schon etwas beruhigter", sagt Susanne. „Aber es war eine Katastrophe, zu Hause zu sitzen und nichts machen zu können. Ich habe mir also einen Flug gebucht und wollte am nächsten Morgen nach Paris fliegen und dann zu ihm. Doch dann rief Mike so gegen 4 Uhr in der Nacht an und sagte, dass

▼ *Pressekonferenz beim ersten Rennen nach dem Unfall: Rockenfeller mit Journalisten bei der DTM am Norisring*

▶ *Zurück auf dem Podium: Ein Jahr nach dem Unfall holte „Rocky" in Le Mans Platz drei gemeinsam mit Marco Bonanomi und Oliver Jarvis*

es ihm gut gehe, er liege im Krankenhaus und ich solle mir keinen Stress machen und nicht kommen. Ich hätte nicht auf ihn hören sollen, denn er kam dann erst am Montag nach Hause. Ich fand es total schlimm, ihn nicht anfassen und drücken zu können. Das war wirklich alles sehr schlimm und ich frage mich seitdem immer wieder, wie er das nur überleben konnte. Er hat unheimlich viel Glück gehabt."

„Rockys" Eltern wurden weiter in der Doctor's Lounge betreut. Dort kümmerte sich auch Andrea Hagenbach von Porsche um die beiden. Sie sagte zu Anne Rockenfeller: „Der ‚Rocky' ist ein Kämpfer, der schafft das."

Eine Viertelstunde lang wussten die Eltern und auch die Audi-Mannschaft nichts über den Gesundheitszustand von Mike Rockenfeller. Sein Vater durfte in die Box und wartete gemeinsam mit Dr. Wolfgang Ullrich auf Nachrichten von der Rennleitung. „Die Bilder im Fernsehen waren sehr schlecht, wir wussten nicht wirklich, was los ist", erzählt der Chef von „Rocky".

Als es eine erste vorsichtige Entwarnung gab, wurde in der Audi-Box erleichtert applaudiert. „Mir kam es wie eine Ewigkeit vor, bis wir erfahren haben, dass es ihm den Umständen entsprechend gut ging", sagt Anne Rockenfeller. „Ich hatte Angst, ans Telefon zu gehen – ehrlich gesagt waren wir beide zu feige dazu."

Helmut Rockenfeller ging zurück in den Raum, in dem die Audi-Fahrer massiert wurden, und betete, dass es ihrem Mike wirklich gut ging: „Lieber Gott, nimm mich, aber bitte nicht mein Kind. Das war das Schlimmste, was wir als Eltern je erlebt haben."

„Ich dachte auch nichts Gutes, und als wir dann ans Telefon gebeten wurden, habe ich erst gesagt: ‚Ich möchte nicht, ich habe Angst'", so Anne. „Ich habe ganz ängstlich ‚Ja?' ins Telefon geflüstert. Und dann war auf einmal der Mike dran, mit seiner schönen Stimme, so wie immer. Er sagte: ‚Mama, ich bin's. Mach dich nicht gaga, alles ist gut. Wenn ich den Typ erwische, bringe ich ihn um.' Da wusste ich, dass er klare Aussagen

macht und auch im Kopf okay ist. Ab da war die Welt wieder in Ordnung."

Rockenfeller wurde vom Medical Center ins Krankenhaus überführt und dort eingehend untersucht. Ihm kribbelten die Füße und er hatte große Angst, eine Verletzung an der Wirbelsäule zu haben. Als klar war, dass er wirklich nur eine schwere Gehirnerschütterung davongetragen hatte, bat er den Arzt, ihm einen Laptop zu bringen, um sich den Unfall anzusehen.

Ich lag im Bett, mir war kotzübel, aber ich wollte sehen, was passiert war. Ich habe mir die Szene zigmal angeguckt und mich gefragt, was ich hätte anders machen sollen. Für mich war ganz klar, er bleibt links, wie das normal ist. Er hat mir vorher auch kein Signal gegeben, das er nach rechts fahren wird. Ich habe ihn angeblendet und meiner Meinung nach war er mit der Situation überfordert. Natürlich sind unsere hellen Scheinwerfer für die Fahrer der GT-Autos brutal. Die sehen fast nichts mehr. Und jemand, der pro Runde 20 Sekunden langsamer ist als ein Profi, ist damit einfach überfordert. Er ist rübergezogen, hat mich hinten links leicht touchiert und ich bin abgebogen. Damit war das Rennen für mich erledigt.

Peugeot verfolgte er im Wohnmobil, mit dem es dann am Montag nach Hause ging. Papa Helmut am Steuer, die Mutter auf dem Beifahrersitz und „Rocky" hinten im Bett.

Ein DTM-Rennen musste er auslassen, ehe er wieder fit war. 2012 kehrte er nach Le Mans zurück und stand gemeinsam mit Marco Bonanomi und Oliver Jarvis als Dritter auf dem Podium.

Es war wichtig für mich, möglichst schnell noch einmal in Le Mans zu starten. Ich habe mich gleich wieder wohlgefühlt im Auto. Am Ende auf dem Podium zu stehen, das war etwas ganz Besonderes. Als ich nachts im Training an der Unfallstelle wieder GTs vor mir hatte, habe ich etwas genauer hingeschaut. Das wird wahrscheinlich immer so bleiben an dieser Stelle, weil es ein so einschneidendes Erlebnis war. Natürlich hat mich jeder auf den Unfall angesprochen, aber das war okay. Ich möchte auf jeden Fall auch in Zukunft wieder in Le Mans fahren.

Seine Eltern und seine Partnerin werden sich damit arrangieren müssen – trotz der schlimmen Erlebnisse jener Juni-Nacht im Jahr 2011. „Ich weiß, wie sehr Mike Le Mans liebt, und deshalb werde ich mich für ihn freuen, wenn er dort wieder fahren kann", sagt Susanne Schaller. „Aber natürlich wäre es mir lieber, wenn er es nicht mehr tut." //

Was Rockenfeller am meisten ärgerte, war das Verhalten von Rob Kaufmann nach dem Unfall. Keine Entschuldigung, keine Nachfrage, wie es ihm ging. Erst Monate später kam eine E-Mail und die beiden verabredeten sich beim ILMC-Rennen in Silverstone.

Wir haben uns im Ferrari-Zelt getroffen und über den Unfall gesprochen. Er hat sich quasi entschuldigt, aber ich habe schnell gemerkt, dass er nicht das Verständnis dafür hatte, was er angerichtet hatte. Er war überfordert und dachte, es würde jemand links an ihm vorbeifahren. Ich fand es schade, dass er sich erst gemeldet hat, nachdem irgendwo in der Zeitung stand, dass ich mich über ihn beschwert habe. Viele andere haben SMS oder E-Mails geschickt und Anteil genommen. Sogar NASCAR-Star Jimmy Johnson, mit dem ich nie etwas zu tun hatte, hat mir eine E-Mail geschrieben – das zeigt auch den Stellenwert von Le Mans.

„Rocky" musste über Nacht im Krankenhaus bleiben, in einem Raum ohne Fenster. Am nächsten Morgen durften ihn seine Eltern abholen. Den Rest des spannenden Rennens mit dem knappen Sieg des einzigen verbliebenen Audi gegen vier

▶ Auf der Fahrt zu Platz drei 2012 in Le Mans

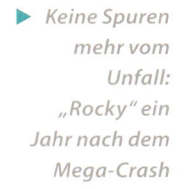

▶ Keine Spuren mehr vom Unfall: „Rocky" ein Jahr nach dem Mega-Crash

143

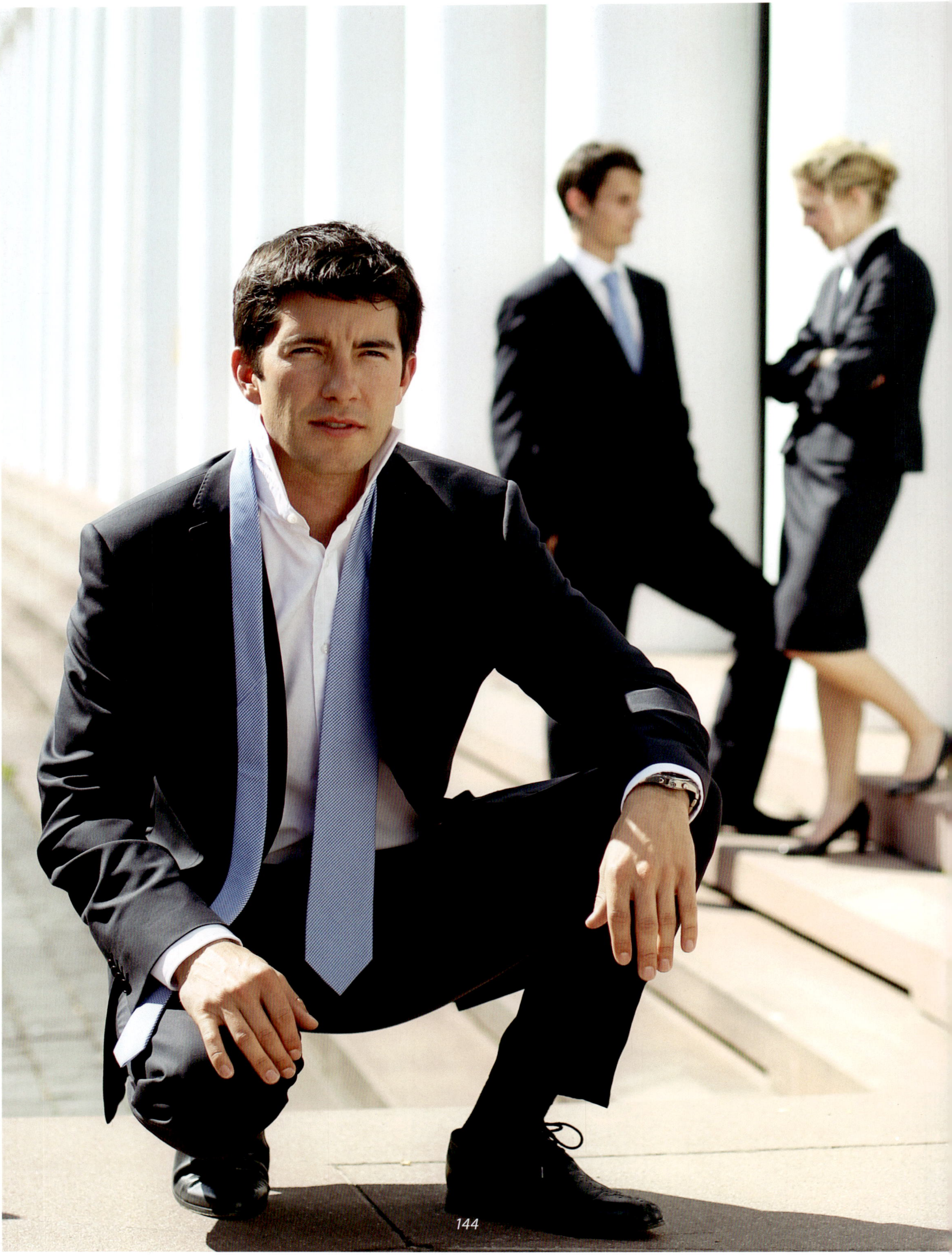

Auf Erfolgskurs

Nach einem Teamwechsel ging es für Mike Rockenfeller in der DTM aufwärts: 2010 bester Fahrer eines Audi-Jahreswagens. 2011 der erste Sieg. 2012 bester Audi-Pilot und 2013 der lang ersehnte ganz große Durchbruch mit dem Gewinn des DTM-Titels.

Nach drei Jahren im Team Rosberg und einer enttäuschenden Saison 2009 war Mike Rockenfeller klar, dass er das Team wechseln musste. Tom Kristensen entschied sich Ende 2009, seine DTM-Karriere zu beenden und sich ganz auf Le Mans und die Sport-Prototypen zu konzentrieren. Damit wurde im Abt-Team ein Cockpit frei, auf das sich alle Fahrer Hoffnungen machten, die bisher mit Audi-Jahreswagen unterwegs gewesen waren: Oliver Jarvis, Alexandre Prémat, Markus Winkelhock und eben „Rocky".

Wäre es nach Dienstjahren gegangen, hätte Rockenfeller das Cockpit bekommen müssen. Doch Audi entschied gemäß Punktestand der Saison 2009. Deshalb erhielt Oliver Jarvis den Zuschlag, der ein Jahr nach ihm zu Audi gekommen war. Für „Rocky" war es wieder einmal ein Tiefschlag, den er einstecken musste.

Ich hatte es wieder nicht geschafft, ein aktuelles Auto zu bekommen, dafür Oliver Jarvis nach nur zwei Jahren bei Audi. Ich war ziemlich enttäuscht.

Trotzdem war die Saison 2010 für „Rocky" in der DTM so etwas wie eine Wende. Er übernahm den durch Jarvis' Wechsel zu Abt frei gewordenen Platz bei Phoenix, bekam mit Jürgen Jungklaus einen erfahrenen Renningenieur und mit Alexandre Prémat jenen Teamkollegen, mit dem er 2008 so überraschend die LMS gewonnen hatte.

Das passte alles gut. Mit Alex habe ich mich prima verstanden und ich war ja schon in den Jahren zuvor davon überzeugt, dass Phoenix mit den Jahreswagen den besten Job gemacht hatte. Zumindest bei den Boxenstopps war das offensichtlich, die waren bei Phoenix einfach viel schneller. Teamchef Ernst Moser ist ein Vollblutracer, der viel Herzblut in sein Team steckt und mehr an den Erfolg als an das Geschäftliche denkt. Und durch seinen Sitz am Nürburgring ist er ganz nahe dran am Rennsport.

Dunlop brachte 2010 eine neue Reifengeneration, mit der sich Audi schwertat. Die leichte Überlegenheit der Vorjahre, speziell im Qualifying, war plötzlich verschwunden. Die aktuellen Autos litten darunter noch stärker als die älteren Modelle und so war „Rocky" am Ende der Saison 2010 der drittbeste Audi-Pilot – noch vor den beiden Abt-Piloten Martin Tomczyk und Oliver Jarvis mit den neuen Autos. Speziell Jarvis hinter sich zu lassen, zu dem er zwar ein gutes Verhältnis hatte, der ihm aber gefühlt das neue Auto weggenommen hatte, war eine besondere Genugtuung.

◀ *Für die Saison 2010 wechselte Rockenfeller vom Team Rosberg zum Team Phoenix – mit Erfolg: Am Ende war er der beste Pilot eines Audi-Jahreswagens*

Auch seinen neuen Teamkollegen Alexandre Prémat hatte er im Griff. Der Franzose leistete sich immer mehr Fehler und Eskapaden. Nach einem schweren Unfall beim Rennen in Adria wurde er noch vor dem Finale in Shanghai beurlaubt. Für 2011 bekam er keinen neuen Vertrag.

„Rocky" arbeitete perfekt mit seinem neuen Renningenieur Jürgen Jungklaus zusammen und zeigte eine konstante Leistung. Sieben Mal fuhr er in die Punkteränge, beim zweiten Hockenheim-Gastspiel startete er aus der ersten Reihe und holte mit Platz zwei sein erstes Podium in der DTM seit Oschersleben 2007. Am Ende war er Siebter in der Meisterschaft und bester Fahrer eines Audi-Jahreswagens. Nur Timo Scheider und Mattias Ekström rangierten in der Tabelle aus dem Audi-Lager vor ihm.

Damit bekam Rockenfeller für 2011 endlich die Möglichkeit, ein neues Auto zu fahren. Besser gesagt ein aktuelles, denn weil sich die Hersteller auf das ab 2012 gültige neue Technische Reglement vorbereiteten und Kosten sparen wollten, wurde ein Entwicklungsstopp verhängt. Die Autos blieben unverändert und aus den Vorjahreswagen wurden quasi Vor-vorjahreswagen.

„Rocky" erhielt das Angebot, zu Abt zu wechseln. Im Gegenzug sollte Martin Tomczyk von Abt zu Phoenix gehen – was als Herabstufung gedacht war, sollte sich für Tomczyk zu einem Glückslos entwickeln, denn mit dem neuen Reifenpartner Hankook und dem Gewichtsvorteil waren bei Audi die zwei Jahre alten Autos plötzlich stärker als die ein Jahr alten. Am Ende wurde Tomczyk mit „Rockys" altem Auto sogar Meister.

Das wusste Rockenfeller noch nicht, als er sich entschied, das Angebot anzunehmen und bei Abt zu fahren. Er fühlte sich wohl bei Phoenix und mit Jürgen Jungklaus und wollte nach nur einem Jahr das Team eigentlich nicht schon wieder wechseln. Auf der anderen Seite winkte die so lang ersehnte Chance, endlich ein A-Auto zu fahren.

Der Martin wurde also eine Stufe runtergesetzt, zumindest auf dem Papier. Ich bekam ein neues Auto bei Abt, Dominik Quosdorf als Renningenieur und Fredrik „Fredde" Ahslund als Dateningenieur. Dominik war zuvor Dateningenieur bei Tomczyk, der Job des Renningenieurs war neu für ihn. Ich muss aber sagen, es war super mit den beiden, es hat echt Spaß gemacht. Dass die alten Autos mit dem neuen Reifenpartner Hankook genauso schnell, ja zum Teil sogar ein bisschen schneller sein würden als die neuen – auch durch den Gewichtsvorteil –, war nicht abzusehen. Beim ersten Test auf dem Lausitzring hat sich das abgezeichnet. Da waren wir bei Abt natürlich alle geschockt – und ich ganz besonders. Hätte ich das vorher gewusst, hätte ich den Schritt von Phoenix

▶ *Auf einer Wellenlänge: „Rocky" und Jürgen Jungklaus*

▶ *Hockenheim 2010: das erste DTM-Podium seit fast vier Jahren*

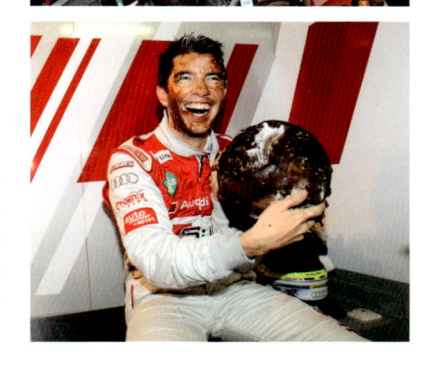

▶ *Adria 2010: An einem Rennwochenende Geburtstag zu haben ist gefährlich …*

zu Abt nicht gemacht. Aber ich bin gut aufgenommen worden bei den Äbten und habe mich dort sehr wohlgefühlt.

In Hockenheim begann die Saison mit einer herben Enttäuschung, weil es ein Problem mit dem Frontsplitter gab. Vom fünften Startplatz fiel „Rocky" im Rennen auf Platz elf zurück, auch weil ein Boxenstopp missglückte. Böse Erinnerungen an seine ersten DTM-Jahre bei Rosberg wurden wach. Doch schon bei seinem zweiten Rennen mit einem aktuellen DTM-Auto gelang ihm der erste Sieg – und zwar in Zandvoort, auf jener Strecke, auf der er 2013 auch seinen ersten DTM-Titel holen sollte.

Schon das Qualifying lief gut. Als Dritter verpasste ich die erste Startreihe nur um 77 Tausendstelsekunden. Am Start gelang es mir, mich zwischen die beiden Mercedes von Spengler und Green zu schieben. Und mit einem frühen ersten Stopp haben wir es geschafft, auch am Spengler vorbeizukommen. Anschließend konnte ich mich absetzen und das Tempo an der Spitze kontrollieren. Das Rennen war einfach perfekt. Dominik hatte für das Rennen das richtige Set-up gefunden. Das Auto war so, wie ich es haben wollte – einfach fantastisch.

◀ *Nicht die besten Freunde: Mattias Ekström und „Rocky" 2011 als neue Teamkollegen bei Abt*

„Rockys" Vater Helmut erlebte den Triumph seines Sohnes, auf den der so unendlich lange gewartet hatte, an der Box mit. „Ich war das erste Mal in Zandvoort", sagt er. „Davor fiel das Rennen zu Porsche-Zeiten und auch später bei Audi meistens genau in die Erntezeit."

In Spielberg offenbarte sich der Vorteil der Vorjahreswagen zum ersten Mal ganz deutlich. Martin Tomczyk holte die Pole-Position und einen überlegenen Sieg. Es war der erste für Phoenix mit Audi in der DTM und der erste eines nicht aktuellen Audi – und das ausgerechnet mit jenem Auto, das „Rocky" im Jahr zuvor gefahren hatte und das er auch 2011 hätte wieder fahren können. Aber Wenn und Aber gibt es im Motorsport nicht.

Rockenfeller wurde in Spielberg Fünfter und lag damit nach drei Rennen als bester Fahrer eines aktuellen A4 auf dem dritten Tabellenplatz. Dann kam Le Mans.

„Rocky" war direkt vom Rennen in Spielberg nach Le Mans gereist. Zurück kam er mit jeder Menge Schlagzeilen und einer schweren Gehirnerschütterung. Und nur eine Woche nach Le Mans stand auf dem Lausitzring schon das nächste DTM-Rennen auf dem Programm.

Meine Eltern haben mich am Montag mit dem Wohnmobil von Le Mans zurück in die Schweiz gefahren. Ich habe hinten im Bett geschlafen. Mittlerweile war ich froh, einfach nur am Leben zu sein. Ich war Audi dankbar, dass sie so ein sicheres Auto gebaut hatten. Es mag makaber klingen, aber ich hätte das Monocoque des Unfallwagens gerne als Andenken bekommen. Es war mein Lebensretter. Und ich könnte mir vorstellen, dass es in 30 Jahren cool wäre zu sagen: Da bist du heil rausgekommen. Audi Sport hat mir ein paar Tage später Bilder vom Unfallauto geschickt. Das war schon heftig. Mir selbst ging es mittelprächtig. Ich habe Medikamente bekommen und mich in Konstanz beim Neurologen durchecken lassen. Ich wollte gerne am Lausitzring fahren, doch ich hatte damals nicht realisiert, wie schwer meine Gehirnerschütterung war. Dr. John und die anderen Ärzte haben zu Recht nein gesagt, und das war gut so. Am Samstag, also am Tag des Qualifyings am Lausitzring, wollte ich unbedingt raus und bin mit dem Auto zu Freunden gefahren. Das waren nur zehn Minuten. Aber als ich da war, war mir schon kotzübel. Ich bin zurückgefahren und war völlig platt. Es wäre einfach nicht gegangen, am Lausitzring zu fahren.

Tom Kristensen sprang für „Rocky" ein und holte mit seiner gelben Postkutsche sogar ein paar Punkte. Aber der Zug in Richtung Meisterschaft war für Rockenfeller damit abgefahren.

Das Rennen habe ich mir live im Fernsehen angeschaut und es gab sogar ein Live-Telefonat mit der ARD. Ich habe mich geärgert, dass ich nicht fahren konnte. Aber auf der anderen Seite habe ich schon realisiert, dass ich froh sein konnte, dass es mir überhaupt so gut ging.

▼ *Der erste Sieg in der DTM: Zandvoort 2011 in der gelben „Postkutsche"*

▼ *Im 44. DTM-Rennen endlich der erste Sieg*

▲ Mit Miguel Molina, Oliver Jarvis, Timo Scheider und Mattias Ekström 2011 bei der Vorstellung des Abt-Teams in Kempten

„Ich war gerne bei Abt. Trotzdem wollte ich zurück zu Phoenix: Die Konstellation mit zwei Autos und Fokus auf mich sagte mir einfach mehr zu."

Mike Rockenfeller

Nur zwei Wochen später stand der Norisring im Kalender. Da war „Rocky" wieder weitgehend fit. Es gab ein Round-Table-Gespräch mit Journalisten zum Unfall in Le Mans und beim Roll-out am Freitagmorgen saß Rockenfeller erstmals seit seinem Horrorcrash wieder in einem Rennauto.

Ausgerechnet der Norisring, wo es traditionell bei mir nicht so gut lief. Meine „Lieblingsstrecke" in der DTM. Ich habe mich auch noch nicht hundertprozentig fit gefühlt, aber das habe ich da natürlich keinem gesagt. Mir haben die Rippen wehgetan und ich habe im Auto kaum Luft bekommen. Es war zäh, aber ich bin das Rennen durchgefahren, zum Glück wurde es wegen des Regens vorzeitig abgebrochen. Ich bin kein großes Risiko eingegangen, denn einen weiteren Treffer hätte mein Kopf so kurz nach dem Unfall nicht gebraucht. Platz 14 war ein mageres Ergebnis, aber für mich war es schon ein Erfolg, dass ich ins Ziel gekommen bin.

Das nächste Rennen war „Rockys" Heimspiel am Nürburgring. Er sicherte sich Startplatz drei und fuhr im Rennen lange auf Position zwei, ehe er sich am Ende der Start-Ziel-Geraden verbremste und auf Rang drei zurückfiel.

Trotzdem war ich happy, denn damit war der Le-Mans-Unfall für mich endgültig erledigt. Es war alles wieder beim Alten. In Brands

Hatch habe ich meine erste Pole-Position in der DTM geholt und bei allen weiteren Rennen gepunktet. Am Ende war ich Sechster, obwohl ich ein Rennen ausgelassen hatte. Ohne den Unfall in Le Mans wäre es ein gutes Jahr geworden.

„Rocky" hatte eigentlich immer ein freundschaftliches Verhältnis zu seinen Teamkollegen, doch das zu Mattias Ekström, mit dem er sich bei Abt eine Box teilte, war schwierig.

Ich habe großen Respekt vor „Eki", was sein Fahrkönnen angeht. Aber vor allen Dingen vor seinem technischen Verständnis. Aber menschlich hat es zwischen uns nicht so gepasst. Wir hatten, sagen wir mal, ein unterkühltes Verhältnis.

Nicht nur, weil Martin Tomczyk 2011 überraschend mit Phoenix Meister wurde, kehrte „Rocky" 2012 nach nur einem Jahr bei Abt wieder zu Phoenix zurück.

Ich habe nicht so lange überlegt und aus dem Bauch raus gesagt, ich möchte wieder zu Phoenix. Obwohl ich wusste, dass ich bei Abt angekommen war. Ich war gerne bei Abt. Trotzdem wollte ich zurück zu Phoenix: Die Konstellation mit zwei Autos und Fokus auf mich sagte mir einfach mehr zu. Der Ernst hat sich auch von Anfang an bemüht, mich als Nachfolger für Martin Tomczyk zu bekommen, der ja zu BMW ging. Für Martin habe ich mich übrigens sehr gefreut, dass er 2011 den Titel gewonnen hat, weil ich ihn menschlich sehr schätze. Trotzdem war ich ein bisschen geknickt, weil ich an seiner Stelle hätte sein können.

2012 trat das neue Technische Reglement der DTM in Kraft und Audi entwickelte den A5 DTM, intern „R17" genannt. Rockenfeller fuhr den Testträger erstmals im Dezember in Monte Blanco in Spanien. Da war das Auto noch zu schwer und hatte nicht die finale Aerodynamik. Es gab im Winter jede Menge Diskussionen zwischen den Fahrern und den Ingenieuren, weil das Auto nach Meinung der Piloten zu schlecht einlenkte. Das besserte sich auch nicht mit dem finalen Aerodynamik-Paket.

Weil wir mit der endgültigen Aerodynamik zu wenig getestet hatten, waren wir zu Saisonbeginn noch nicht richtig aussortiert. Und in Hockenheim waren wir nicht konkurrenzfähig.

Trotzdem lieferte „Rocky" ordentliche Ergebnisse ab. Nur am Lausitzring und beim Finale in Hockenheim sammelte er keine Punkte. In Brands Hatch holte er mit Platz drei das erste Podium für den neuen Audi A5 DTM. Und am Saisonende war er auf Rang vier der bestplatzierte Audi-Pilot. Aber der Anspruch war ein ganz anderer gewesen und die Enttäuschung groß – auch wegen eines einschneidenden Erlebnisses in Zandvoort.

Audi Sport hatte den A5 DTM mit vielen kleinen Modifikationen während der Saison kontinuierlich weiterentwickelt. In Zandvoort gelang mit den Startplätzen eins bis fünf ein traumhaftes Qualifying-Resultat. Timo Scheider hatte die Pole-Position, „Rocky" startete neben ihm aus Reihe eins. Scheider blieb am Start stehen und so fuhr der Phoenix-Pilot auf Siegkurs.

Genau wie im Vorjahr habe ich das Rennen kontrolliert. Es gab zwei Safety-Car-Phasen, aber jedes Mal konnte ich wieder einen Vorsprung herausfahren. Ich lag vor Edoardo Mortara und beide Boxenstopps waren schon absolviert, als es anfing zu nieseln. Ich habe etwas vorsichtiger gemacht und so konnte er zu mir aufschließen. Wenn du bei solchen Bedingungen hinterherfährst, hast du immer einen kleinen Vorteil. Ich hatte so weit alles im Griff, als der Funkspruch kam, ich soll ihn vorbeilassen. Für mich brach eine Welt zusammen, ich konnte das nicht nachvollziehen. An der Box dachten sie, ich wäre zu langsam, würde Mortara aufhalten und dann würde der Paffett noch vorbeiziehen. Als es zu

▼ *Sommer 2010: erste Sitzprobe im neuen Audi A5 DTM*

▼ *Viel Arbeit im Winter: Testfahrten mit dem noch getarnten A5 DTM*

▼ *Nach nur einem Jahr bei Abt kehrte „Rocky" zu Phoenix zurück*

▸ *Bereit für die Saison 2012: „Rocky" mit seinem neuen Schaeffler Audi A5 DTM*

nieseln aufhörte, habe ich zu Mortara aufgeschlossen und er hat auch die Anweisung bekommen, mich wieder vorbeizulassen – aber das hat er nicht gemacht. Mortara war der Hero und ich bitter enttäuscht. Es gab nach dem Rennen ein hitziges Meeting und in Oschersleben noch eine Aussprache. Damit war die Sache für mich erledigt, aber ich habe meine Lehren daraus gezogen. Die DTM ist so brutal hart, weil du sieben Teamkollegen hast, die alle das gleiche Material haben. Dagegen anzukommen, ist schon einmal brutal schwer. Und natürlich gibt es die Interessen des Herstellers, hinter denen du dich anstellen musst. Aber ich hatte damals in Zandvoort das Gefühl, dass ich mich schon seit Jahren hinten angestellte. Du hast nicht oft die Chance, ein DTM-Rennen zu gewinnen. Dann hast du sie endlich und dann musst du zurückstecken – obwohl es gar nicht um die Meisterschaft ging. Und noch dazu war ich zu diesem Zeitpunkt bereits der bestplatzierte Audi-Pilot in der Tabelle.

2013 konzentrierte sich Rockenfeller erstmals in seiner Karriere auf die DTM. Kein Doppelprogramm mit Le Mans und den Sportwagen. Für Audi-Motorsportchef Dr. Wolfgang Ullrich und Dieter Gass, seit Beginn der Saison 2013 neuer Leiter DTM bei Audi Sport, ein ganz entscheidender Grund, warum „Rocky" in seinem siebten Jahr in der DTM endlich den ganz großen Durchbruch schaffte und nach einer nahezu perfekten Saison in Zandvoort vorzeitig den Titel gewann. Rockenfeller selbst sieht das nicht so.

Ich würde nicht sagen, dass es für mich eine zu große Belastung war, Le Mans und die DTM parallel zu fahren. Dass es 2013 so viel besser lief, lag vielmehr daran, dass wir wesentlich besser aussortiert waren und nicht von Rennen zu Rennen neue Teile an das Auto geschraubt haben. Wir haben im Winter ein sehr gutes Set-up herausgefahren und hatten auch eine Konstanz in den Ergebnissen. Das Team wusste, was es mit dem Auto machen muss. Der Optionsreifen von Hankook war eine Neuerung, die Audi sehr entgegenkam. Ich behaupte, ohne den Optionsreifen hätten wir die Meisterschaft nicht gewonnen. Was sicherlich stimmt, ist, dass ich 2013 noch fokussierter war, weniger Stress hatte und mich ganz auf mein Team konzentrieren konnte. Ich glaube dennoch, ich hätte die DTM auch gewinnen können, wenn ich Le Mans gefahren wäre.

Obwohl die Technik der Autos auf dem Stand des Finales der Saison 2012 eingefroren wurde, gelang es Audi Sport im Winter, den RS 5 DTM, wie das Auto nun genannt wurde, in vielen kleinen Details zu verbessern – und in der DTM geht es um Details. Wolfgang Dürheimer, bis Mitte 2013 Entwicklungschef bei Audi und damit auch für das Motorsport-Programm der Ingolstädter verantwortlich, machte nach der für Audi nicht nach Wunsch verlaufenen DTM-Saison 2012 massiv Druck und gab Audi Sport auch die nötigen Ressourcen. So wurden alle acht Autos für 2013 neu aufgebaut und auf den aktuellsten technischen Stand gebracht – in der DTM ein großer Aufwand und keine Selbstverständlichkeit.

▼ *Der neue A5 DTM war 2012 nicht konstant genug, Rockenfeller machte das Beste daraus: Platz vier in der Gesamtwertung*

▲ Nichts anbrennen lassen: „Rocky" bei einer Kocheinlage in der Audi Team & Media Hospitality

▲ Norisring 2012: einziger Audi-Pilot in den Punkten – auch dank einer cleveren Linie im Chaos der ersten Kurve

Wolfgang Dürheimer hatte einen großen Anteil daran, dass es 2013 für uns so gut lief und wir den Titel geholt haben. Dieter Gass auch. Er hat Schwung in die DTM-Mannschaft reingebracht und brachte viel Erfahrung mit. Dabei möchte ich die Rolle von Dr. Ullrich auf keinen Fall schmälern: Was er seit mehr als 20 Jahren für Audi leistet, ist einmalig. Ich habe ein gutes Verhältnis zu ihm und bin ihm auch sehr dankbar, dass ich so lange DTM und Sportwagen parallel fahren konnte.

Kein Geheimnis: Ein aktuelles Auto hätte er sich früher gewünscht. Diese Thematik gibt es in der DTM seit 2012 nicht mehr. Seitdem ist die Leistungsdichte noch extremer als in den Jahren zuvor. Deshalb haben die Titel von Bruno Spengler (2012) und Mike Rockenfeller (2013) vielleicht sogar einen höheren Stellenwert als viele DTM-Titel in den Jahren davor. 22 Autos, die alle siegfähig waren, gab es 2013 das erste Mal.

Der Audi RS 5 DTM war 2013 nicht unbedingt das schnellste Auto. Das war weiterhin der BMW M3, mit dem BMW 2012 ein sensationelles DTM-Comeback gelungen war. Doch der RS 5 DTM war auf allen Strecken konkurrenzfähig, was bei BMW und Mercedes nicht der Fall war. Audi war der einzige Hersteller, der bei den ersten neun Rennen immer mindestens ein Auto in das vierte Qualifying-Segment und damit die ersten beiden Startreihen brachte. Und niemand konnte so lange mit dem weicheren Optionsreifen fahren wie die „Reifenflüsterer" Mike Rockenfeller und Mattias Ekström.

Rockenfellers ehemaliger Teamkollege war 2013 Audi-intern sein härtester Gegner. Bis Saisonmitte durfte sich Ekström selbst Titelchancen ausrechnen. Doch nachdem ihm der Sieg auf dem Norisring nach der berühmten „Wasserflaschen-Affäre" aberkannt wurde und damit 25 wertvolle Punkte, musste er genauso für Rockenfeller fahren wie alle anderen sieben Audi-Piloten.

In der DTM ist das absolut üblich. Zu Saisonbeginn haben bei Audi alle acht Fahrer gleiches Material und dieselben Chancen. Bei den ersten Rennen zeigt sich dann, auf wen in der zweiten Saisonhälfte gesetzt wird. Das muss man wissen, wenn man sich für die DTM entscheidet. So funktioniert das Spiel. Und die Disqualifikation von „Eki" am Norisring war für mich selbst im Nachhinein betrachtet nicht so schlecht – sonst hätte Audi vielleicht nicht so konsequent auf mich gesetzt. Und wer weiß, wie es dann ausgegangen wäre ...

Rockenfeller fuhr 2013 eine starke Saison. Beim Auftakt in Hockenheim passte die Abstimmung im Qualifying noch nicht: nur Startplatz 14. Aber es war typisch für den Saisonverlauf, dass Rockenfeller im Rennen noch auf Platz acht nach vorn kam und somit wertvolle Punkte holte. Nach dem Auftakt

▶ Ärger in Zandvoort 2012: Edoardo Mortara „überhörte" Teamorder

◀ Immer zahlreicher: „Rocky"-Fans am Rande der DTM-Strecken

▶ *Wichtiger Sieg: Bei der russischen DTM-Premiere in Moskau feierte Rockenfeller 2013 seinen zweiten Saisonerfolg. Ein entscheidender Schritt auf dem Weg zum Titelgewinn*

▲ *Erfolgreiches Tandem: Rockenfeller und Ernst Moser, Chef des Audi Sport Team Phoenix*

bei dem „Rocky" in der ersten Kurve beinahe abgeschossen wurde, auswich und dem Feld hinterherjagte. Auch hier brachte ihn eine riskante, aber clevere Strategie wieder weit nach vorn. Mit zweiten Plätzen in Oschersleben und Zandvoort machte er den Titel vorzeitig perfekt – mit reichlich Unterstützung seiner Markenkollegen, aber die hatte er sich in den ersten Saisonrennen redlich verdient.

Endlich hatte er den Support, den er bei Audi so lange vermisst hatte. Endlich den Erfolg, für den er so hart gearbeitet hatte. „Ich glaube, Mike hätte die DTM nie aufgegeben, ohne dass er dieses Ziel erreicht hätte", meint seine Lebensgefährtin. „Außer, er wäre irgendwann so alt gewesen, dass er nicht mehr hätte fahren können. Er hat immer gesagt: ‚Ich gebe nicht auf, bevor ich diesen Titel gewonnen habe.' Er hat ihn wirklich verdient. Und fast jeder im Fahrerlager hat sich mit ihm gefreut. Das zeigt, dass er die Leute fair behandelt." //

rauchten in Meuspath die Köpfe und ab Brands Hatch hatte Phoenix ein optimales Set-up. „Rocky" fuhr 2013 tendenziell mit etwas mehr Fahrzeughöhe als die meisten anderen Audi-Piloten. Das kostete zwar etwas Performance, half aber der Konstanz. Und da in der DTM 2013 zwischen Qualifying und Rennen erstmals Parc-fermé-Bedingungen herrschten und nichts am Auto verändert werden durfte, war gute Fahrbarkeit bei allen Verhältnissen ein Schlüssel zum Erfolg.

In Brands Hatch gelang der erste Saisonsieg, in Spielberg Platz vier, obwohl „Rocky" nach einer umstrittenen Strafe von Startposition 13 ins Rennen gehen musste. Auf dem Lausitzring wurde er Zweiter und auf dem ungeliebten Norisring Fünfter, obwohl er aus der letzten Reihe startete.

Am Norisring dachten wir, wir wären superschlau, und haben einmal ein ganz anderes Set-up versucht. Aber das hat überhaupt nicht funktioniert. Dann mussten wir auch noch das Getriebe wechseln. Wir haben uns Gedanken gemacht, wie wir im Rennen nach vorne kommen können, und haben gesagt, wir kommen zweimal hintereinander an die Box, wenn es ein Safety-Car gibt. Und das gibt es am Norisring ja fast immer. Wir mussten nur das Risiko eingehen, besonders lange mit den Optionsreifen zu fahren – am Ende waren es 81 Runden. Die Chance hatten alle, aber nur wenige haben es so gemacht wie wir, und das hat uns nach vorne gespült. Ab dem Norisring habe ich daran geglaubt, dass wir den Titel holen können.

Es folgte ein souveräner Sieg bei der Russland-Premiere in Moskau und ein außergewöhnliches Rennen am Nürburgring,

◀ *Mit Dieter Gass, dem neuen Leiter DTM bei Audi Sport, nach der Pole-Position in Moskau 2013*

◀ *Perfekt eingespielt: „Rocky" und sein Ingenieur Jürgen Jungklaus*

◀ *DTM-Champions 2013: „Rocky" und die Phoenix-Truppe*

„Entscheidend war, dass wir 2013 das Auto und die neuen Optionsreifen verstanden haben."

Mike Rockenfeller

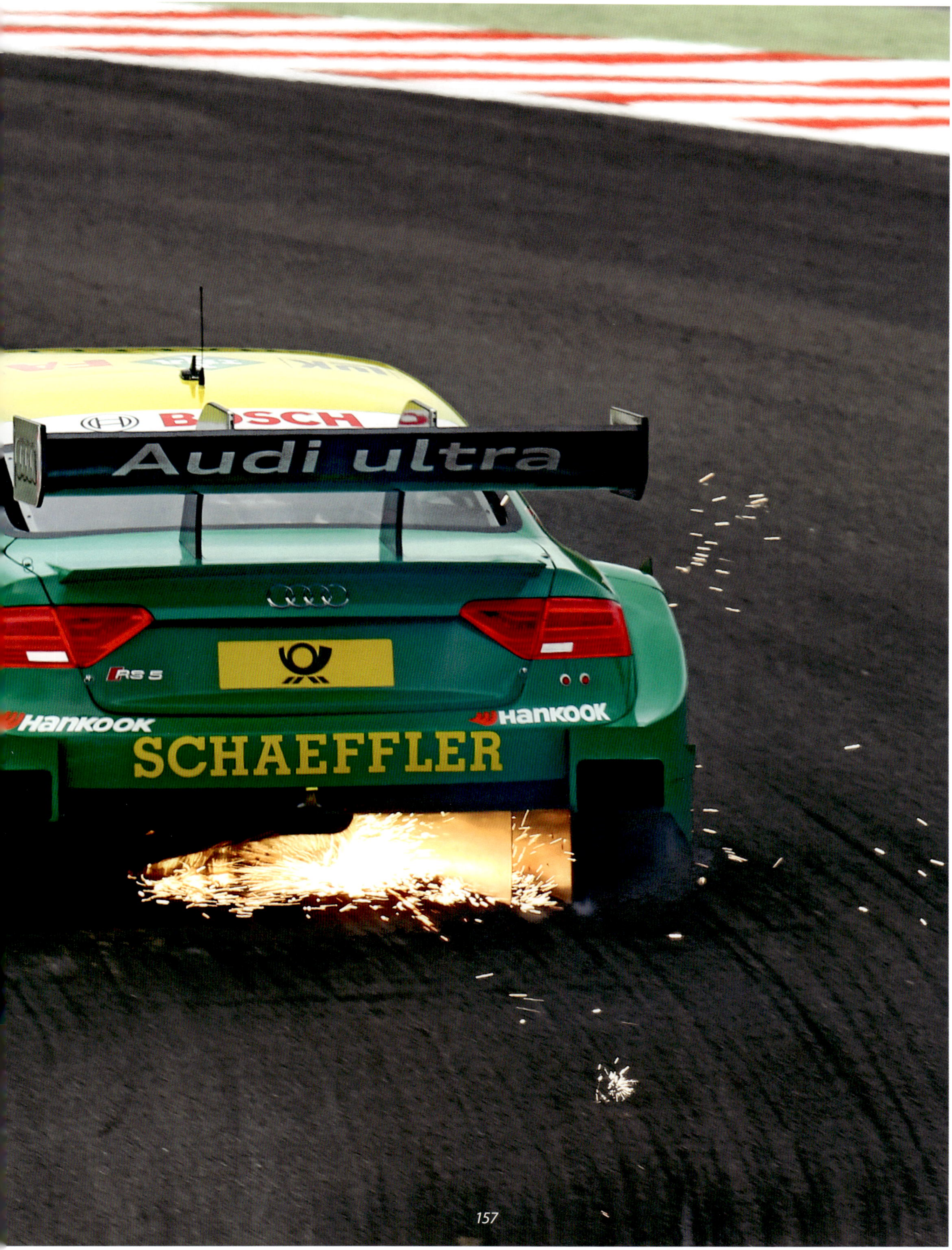
BOSCH
Audi ultra
RS 5
Hankook
Hankook
SCHAEFFLER

Neun Mal in Folge in den Punkten, fünf Mal auf dem Podium – 2013 war ein perfektes Jahr für Rockenfeller.

◀ 1. Lauf
DTM Hockenheim
8. Platz

◀ 2. Lauf
DTM Brands Hatch
1. Platz

◀ 3. Lauf
DTM Spielberg
4. Platz

◀ 4. Lauf
DTM Lausitzring
2. Platz

◀ 5. Lauf
DTM Norisring
5. Platz

◀ 6. Lauf
DTM Moscow Raceway
1. Platz

◀ 7. Lauf
DTM Nürburgring
4. Platz

◀ 8. Lauf
DTM Oschersleben
2. Platz

◀ 9. Lauf
DTM Zandvoort
2. Platz

◀ 10. Lauf
DTM Finale Hockenheim
16. Platz

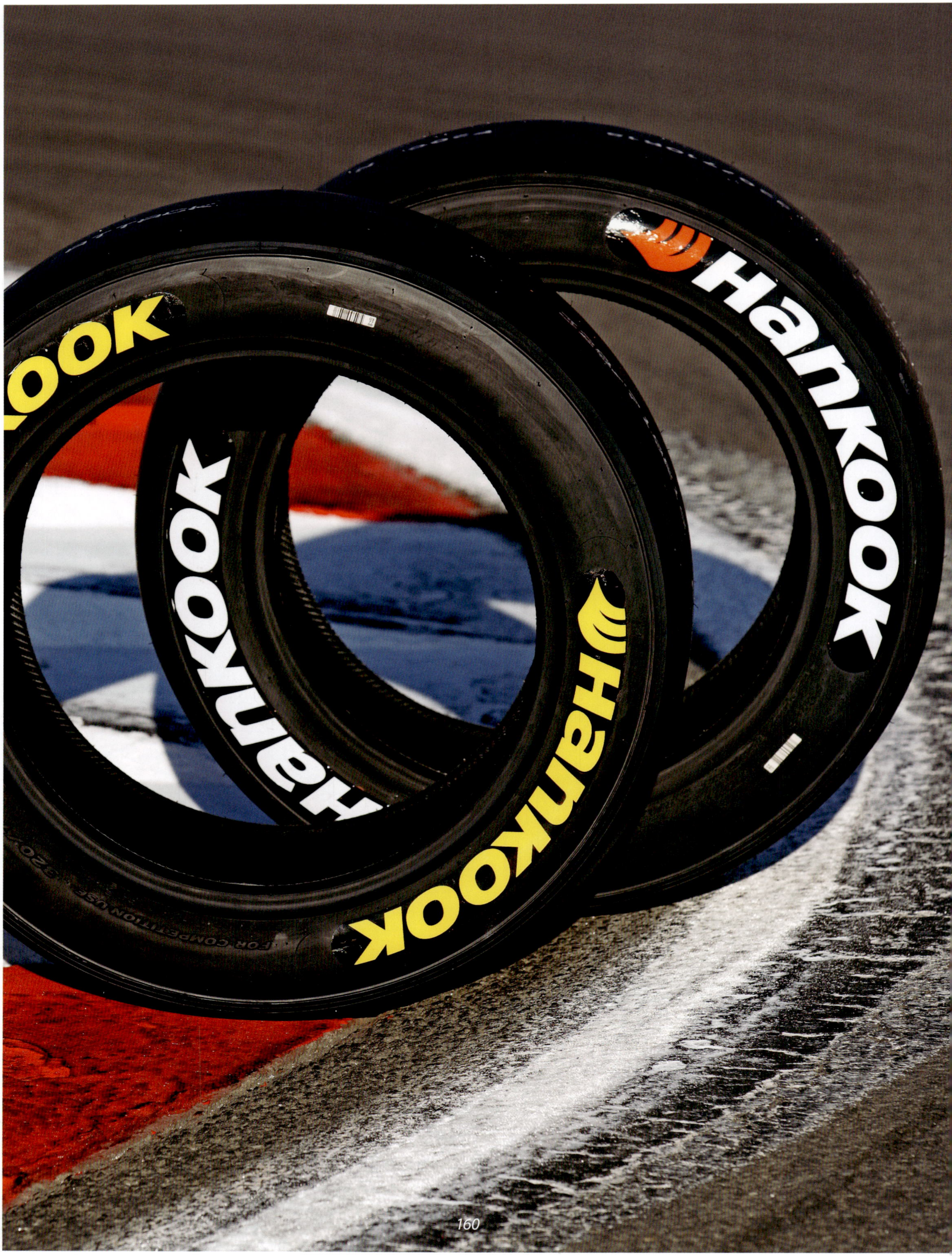
Hankook
Hankook
Hankook

Runde Sache

Seit der Saison 2011 ist Reifenhersteller Hankook exklusiver Ausrüster der DTM. Der 2013 eingeführte Optionsreifen Ventus Race Plus war ein wichtiger Faktor beim Titelgewinn – denn Mike Rockenfeller und seinem Audi RS 5 DTM lag die weichere Gummimischung besonders gut.

Seit dem Comeback der DTM im Jahr 2000 gibt es in der populären Tourenwagen-Rennserie keinen kostspieligen Reifenwettbewerb mehr. Doch obwohl das „schwarze Gold" für alle Autos gleich ist, spielen die Reifen noch immer eine wichtige Rolle. Beispiel 2010: Als der damalige Exklusivausrüster Dunlop eine neue Reifenkonstruktion einführte, litt der Audi A4 DTM trotz eingefrorener Technik plötzlich unter erhöhtem Reifenverschleiß – der Titel ging an Mercedes-Benz. Beispiel 2011: Mit dem Wechsel von Dunlop zu Hankook war der technisch unveränderte A4 plötzlich wieder ein Siegertyp. Und auch beim Titelgewinn von Mike Rockenfeller in der Saison 2013 waren die Hankook-Reifen ein ganz entscheidender Schlüssel zum Erfolg.

Wir haben im Winter mit dem Team ein gutes Basis-Set-up herausgefahren. Wir wussten, was wir mit dem Auto machen mussten. Das war schon einmal entscheidend. Und der Optionsreifen war eine Neuerung, die Audi sehr entgegenkam. Ich behaupte, ohne die Optionsreifen hätten wir uns 2013 schwerer getan, die Meisterschaft zu gewinnen. Der weichere Optionsreifen kam auch meinem weichen Fahrstil sehr entgegen. Wir konnten taktieren, hatten in Kombination mit dem DRS-Flügel mehr Überholmöglichkeiten und damit auch mehr Spaß im Rennen. Selbst aus einer Startposition im Mittelfeld heraus konnten wir so immer noch ein schönes Rennergebnis machen. Insofern hatte Hankook einen großen Anteil an meinem ersten DTM-Titel.

Das „Drag Reduction System" (DRS) und die sogenannten Optionsreifen waren die wichtigsten Neuerungen in „Rockys" Meistersaison 2013. Die Organisatoren der DTM folgten damit

▲ Einer mehr: Seit 2013 gibt es neben dem Ventus Race (weiß) und dem Ventus Race Rain (blau) den weicheren Ventus Race Plus (gelb)

3 Fragen an Manfred Sandbichler

Warum setzt Hankook auf die DTM?
Die DTM ist als eine der populärsten und am besten geführten Rennserien weltweit eine ideale Plattform, die fortschrittliche Hankook-Reifentechnologie zu präsentieren – und das in enger Zusammenarbeit mit den in der DTM engagierten Premiumherstellern, die hohe Anforderungen stellen. Es entspricht unserer Firmenphilosophie, Reifen zu entwickeln, die Erfolgskriterien wie höchste Leistungsfähigkeit und Konstanz bei maximaler Sicherheit in sich vereinen. Die Erkenntnisse, die wir dabei gewinnen, fließen auch in die Weiterentwicklung unserer Serienreifen für den europäischen Markt, aber auch die globale Entwicklung, ein.

Seit 2013 gibt es in der DTM zusätzlich sogenannte Optionsreifen, den Ventus Race Plus. Warum?
Es wurde seitens der DTM-Organisation der Wunsch an uns herangetragen, die Rennen mithilfe einer zweiten Reifenmischung noch spannender zu machen. Wir haben uns dieser Herausforderung gerne gestellt. Reifen und Reifenstrategie sind in der DTM seitdem natürlich noch mehr ein Thema als zuvor und machen die Rennen noch spannender.

Wo werden die DTM-Reifen von Hankook hergestellt?
Entwickelt und hergestellt werden der Ventus Race, der Ventus Race Plus und der Ventus Race Rain in unserem Werk im südkoreanischen Daejeon. Mit einer Jahresproduktion von etwa 25 Millionen Reifen, darunter auch die DTM-Reifen, ist Daejeon eine der größten Reifenfabriken weltweit. Die DTM-Reifen gehen per Flugzeug auf die Reise nach Europa, wo sie am Nürburgring zwischengelagert werden. Von dort transportieren wir sie mit mehreren Lastzügen zu den DTM-Rennen an die Strecke.

dem Beispiel der Formel 1, den Rennverlauf durch den Einsatz verschiedener Reifenmischungen unvorhersehbarer zu machen. Die Vorgabe der ITR an Exklusivpartner Hankook: neben dem Standardreifen Ventus Race einen Slick der gleichen Größe zu entwickeln, der für einen definierten Zeitraum deutlich schnellere Rundenzeiten ermöglichen sollte.

Eine Herausforderung für die Hankook-Reifeningenieure. „Denn natürlich wollten wir einen Reifen, der für alle Hersteller gleich gut funktioniert und dabei maximale Performance bei größtmöglicher Sicherheit liefert", erklärt Manfred Sandbichler, Direktor Motorsport bei Hankook Tire Europe. „Unsere Techniker haben die Aufgabe mit ihrem großen Know-how ganz hervorragend gelöst."

Der Optionsreifen Ventus Race Plus ist für die Zuschauer an den gelben Hankook-Schriftzügen auf der Seitenwand erkennbar. Nur bei den beiden offiziellen ITR-Tests in Barcelona und in Hockenheim vor Saisonbeginn konnten die Teams die neuen Optionsreifen erproben. An den Rennwochenenden selbst stand jedem Fahrer 2013 nur ein Satz der schnelleren Reifen zur Verfügung – und der durfte nur im Rennen eingesetzt werden.

Schon bei den Tests vor Saisonbeginn bekam Rockenfeller das Gefühl, dass die Optionsreifen für ihn ein echter Joker werden könnten. Und der Saisonverlauf bestätigte diese Hoffnung: Rockenfeller und sein Markenkollege Mattias Ekström entwickelten sich zu regelrechten Reifenflüsterern. Beide hatten die Fähigkeit, die weicheren Reifen besonders lange am Leben zu erhalten. Auf dem Norisring fuhr Rockenfeller einen Großteil der Runden auf den Optionsreifen, auch am Lausitzring, in Moskau und in Oschersleben jeweils rund zwei Renndrittel. Anderen Audi-Piloten gelang das längst nicht so gut.

Noch vor Beginn der Saison 2013 verlängerte Hankook seinen Exklusivvertrag zur Ausstattung der DTM um drei weitere Jahre bis Ende 2016. „Die Zusammenarbeit mit Hankook in den ersten beiden Jahren unserer Partnerschaft hat uns restlos

▶ Beliebte Prämie: Hankook belohnt auch den schnellsten Boxenstopp

▶ Top-Service: 40 Hankook-Mitarbeiter betreuen die Teams in der DTM

von der Leistungsfähigkeit dieses Unternehmens überzeugt", sagte DTM-Chef Hans Werner Aufrecht. „Die frühzeitige Verlängerung des Vertrages ist die logische Konsequenz."

Hankook liefert nicht nur die Reifen für die populäre Tourenwagen-Rennserie. Die weltweite Nummer 6 im Reifenmarkt nutzt die DTM auch konsequent als Kommunikationsplattform, ist bei den wichtigsten Veranstaltungen mit einer eigenen Hospitality im Fahrerlager vertreten und zeichnet bei jedem DTM-Rennen das Team aus, das den schnellsten Boxenstopp absolviert. Nette Idee: Die beste Mechaniker-Crew wird jeweils mit drei Kästen Bier belohnt – ein Beweis, dass Hankook auch an die Menschen denkt, die nicht so im Rampenlicht stehen wie die Fahrer oder die Teamchefs.

„Driving Emotion" heißt der Slogan von Hankook. Er soll verkörpern, wofür das Unternehmen steht: dynamische Emotionen, die echten Fahrspaß mit sich bringen. Für „Rocky" war das in der DTM 2013 definitiv der Fall. //

Road Legal: Der *ventus S1evo²* entwickelt auf Basis von DTM Technologie

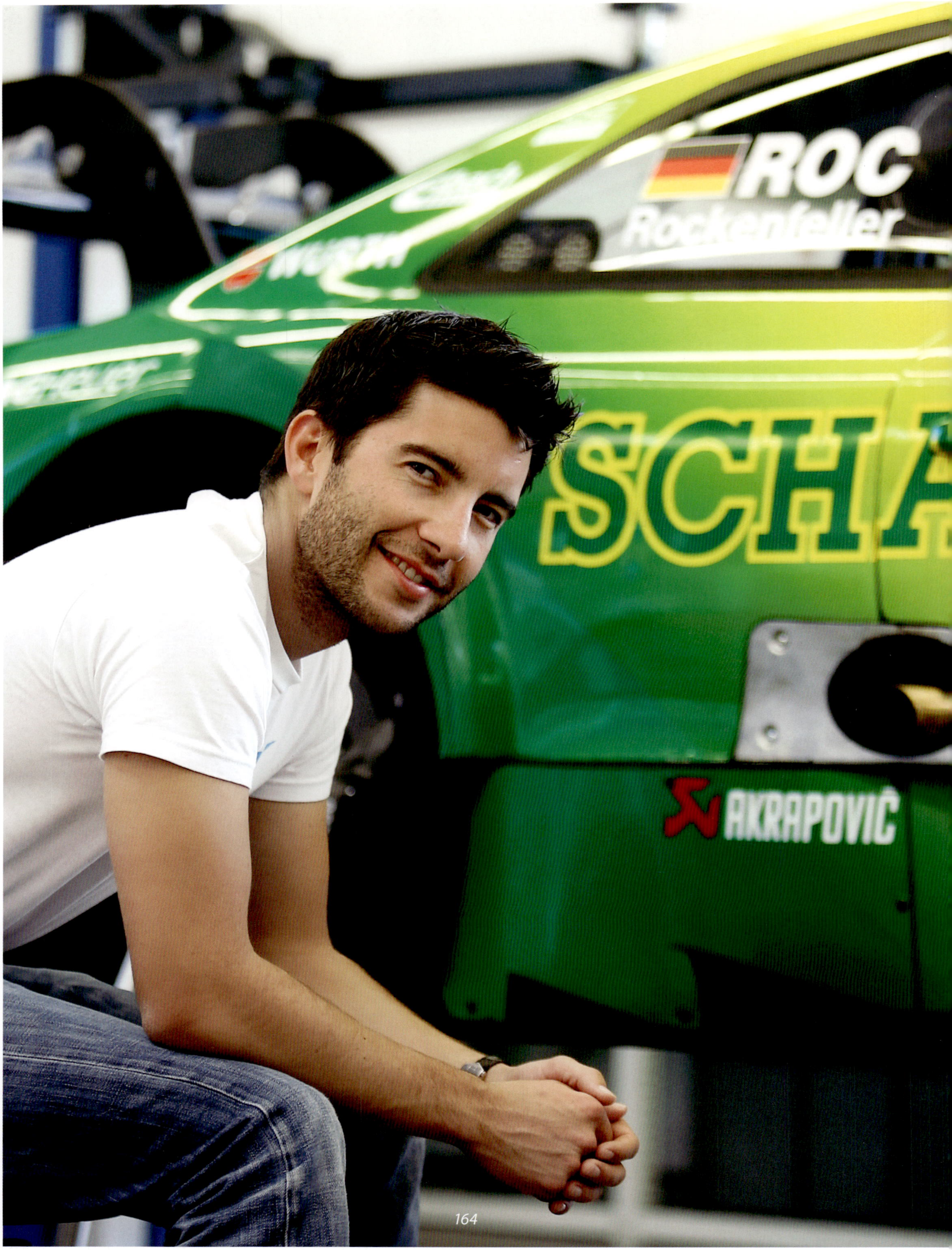
ROC
Rockenfeller
AKRAPOVIČ

Unter *Freunden*

2012 startete Mike Rockenfeller in der DTM erstmals im auffälligen gelb-grünen Design der Schaeffler Gruppe. Der weltweit renommierte Automobilzulieferer ist für „Rocky" längst mehr als ein Geschäftspartner – und das nicht erst seit dem gemeinsamen Titelgewinn in der DTM 2013.

◀ Bereit für das Projekt Titelverteidigung: „Rockys" neuer Schaeffler Audi RS 5 DTM für die Saison 2014

Als Audi vor Beginn der DTM-Saison 2011 den A4 DTM von Martin Tomczyk präsentierte, ging ein Raunen durch die Szene. Das schrille Design der Schaeffler Gruppe sorgte für Diskussionen. Von „geht gar nicht" bis „einfach geil" reichten die Kommentare der Fans in den sozialen Netzwerken. Spitznamen wie "Caipirinha-Bomber" oder „Paradiesvogel" machten die Runde. Für Prof. Peter Gutzmer, Entwicklungschef der Schaeffler Gruppe, ein durchaus gewollter Effekt: "Natürlich ist das Outfit außergewöhnlich, aber es entwickelt sich mehr und mehr zum Markenzeichen für Erfolg."

Denn mit dem Erfolg kam auch der Kultstatus: 2011 holte Martin Tomczyk mit dem bunten Schaeffler-Audi den DTM-Titel – als erster Fahrer in der Geschichte der Rennserie mit einem Jahreswagen. Nach Tomczyks überraschendem Wechsel zu BMW übernahm Mike Rockenfeller die Rolle des Schaeffler-Markenbotschafters Nummer eins – und auch den Erfolg: 2012 bester Audi-Pilot, 2013 DTM-Champion. Und der Gelb-Grün-Farbverlauf der Schaeffler Gruppe ist inzwischen schon fast so kultig wie früher das Jägermeister-Orange oder die legendären Martini-Racing-Linien. „Wer die Motorsport-Geschichte analysiert, erkennt, dass jene Designs besonders populär sind, die prägnant und klar waren und über Jahre weitgehend unverändert geblieben sind", sagt Jörg Walz, Leiter Marketing und Kommunikation Schaeffler Automotive. „Deshalb war auch unser Wunsch an unseren Partner Audi, das Grunddesign des Meisterautos unverändert zu lassen – obwohl sich Audi von Jahr zu Jahr eigentlich neue Designs wünscht."

Und man setzte bei Schaeffler alles daran, kein Déjà-vu zu erleben, nachdem man den Titelgewinn von Martin Tomczyk nach dessen Wechsel zu BMW nur wenige Wochen lang vermarkten konnte: Man legte großen Wert darauf, die Erfolgs-Kombination Audi-Phoenix-Rockenfeller-Schaeffler zusammenzuhalten – und brachte „Rocky" damit etwas in Schwierigkeiten ...

Bei meiner Vertragsverlängerung mit Audi hatten wir uns Anfang 2013 darauf verständigt, dass ich 2014 wieder DTM und WEC parallel fahre, wenn der Kalender das zulässt. Wenn nicht, würden wir uns zusammensetzen und uns für eine Serie entscheiden. Da wusste ja noch keiner, dass ich die Meisterschaft gewinnen und natürlich sofort der Wunsch kommen würde, dass ich den DTM-Titel 2014 verteidige. Dass ich ein Mitspracherecht hatte, rechne ich Audi und Dr. Ullrich hoch an. Die WEC hat mich nicht zuletzt wegen des Porsche-Comebacks schon sehr gereizt. Ich habe auch

▼ Insider-Informationen: Mike Rockenfeller erklärt Schaeffler-Gästen die Geheimnisse der DTM

kurz mit dem Gedanken gespielt, zu den Sportwagen zu wechseln, nachdem ich mein Ziel, den DTM-Titel zu gewinnen, erreicht hatte. Aber am Ende habe ich gar nicht so lange überlegt und mich für ein weiteres Jahr in der DTM entschieden. Der Erfolg, das Team, die neue Herausforderung mit Timo (Scheider) als neuem Teamkollegen, aber auch die Partnerschaft mit Schaeffler haben dabei eine Rolle gespielt. Bei Schaeffler haben Susi und ich inzwischen echte Freunde.

Worte, die man in Herzogenaurach natürlich gerne hört. „Schaeffler, Audi, Phoenix Racing und Mike Rockenfeller – diese Verbindung passt einfach perfekt", sagt Prof. Dr. Peter Gutzmer. „Wir freuen uns, dass diese Erfolgsgeschichte eine Fortsetzung findet. Motorsport emotionalisiert und verbindet insbesondere im Erfolgsfall: Viele unserer mehr als 77.000 Mitarbeiter sind heute große Audi-, Rockenfeller- und DTM-Fans. Aber Motorsport genießt bei Schaeffler und den Schaeffler-Marken traditionell einen besonderen Stellenwert – so wie es sich für ein innovationsgetriebenes Technologieunternehmen gehört."

Mit seinen Marken LuK, INA und FAG ist der weltweit renommierte Automobilzulieferer schon seit fast drei Jahrzehnten auf Renn- und Rallyefahrzeugen präsent. 2007, in seiner ersten DTM-Saison für Audi, startete Rockenfeller bereits mit den Logos von LuK und INA. Doch so richtig wahrgenommen wird Schaeffler in der DTM erst seit der Entscheidung, ein komplettes Auto zu gestalten.

Die Tradition der gelb-grünen Gruppe in der DTM reicht bis ins Jahr 1986 zurück. Und auch in anderen Serien und Fahrzeugklassen blickt Schaeffler auf eine erfolgreiche Motorsport-Historie zurück: Mit BMW gewann das Unternehmen die Tourenwagen-Weltmeisterschaft, mit Renault die Truck-Europameisterschaft, mit Mitsubishi und Jutta Kleinschmidt die Rallye Dakar. Mit Volkswagen stellte Schaeffler die Belastbarkeit seiner Produkte ebenfalls bei der „Dakar" und bei anderen Wüstenrallyes unter Beweis. Mit dem Rallye-Piloten Armin Schwarz hat Schaeffler zwei deutsche und einen europäischen Rallyetitel gewonnen. Der in Le Mans siegreiche Porsche 917 war für Schaeffler ein Entwicklungsträger für hydraulische Ventiltriebskomponenten, die im Anschluss seit den 70er-Jahren millionenfach in Serie gingen und den Grundstein für das heutige Know-how und Portfolio des Weltkonzerns im Bereich Motorentechnik darstellen.

Auch durch regelmäßige Besuche an den verschiedenen Schaeffler-Standorten hat Mike Rockenfeller inzwischen eine enge Beziehung zu den Mitarbeitern entwickelt. „Es ist ein tolles Gefühl, zu spüren, dass mir so viele von ihnen die Daumen drücken", sagt er. //

3 Fragen an Prof. Dr. Peter Gutzmer

Wie haben Sie als Entwicklungsvorstand von Schaeffler den Titelgewinn von Mike Rockenfeller in der DTM-Saison 2013 erlebt?

Ich war bei vielen Rennen selbst vor Ort und habe an der Box des Phoenix-Teams die Daumen gedrückt. Ein besonderer Höhepunkt war der Sieg in Moskau. Und natürlich das spannende Rennen in Zandvoort mit dem vorzeitigen Titelgewinn von Mike Rockenfeller. Da hätten wir gemeinsam mit ihm am liebsten auf der Motorhaube getanzt.

Warum engagiert sich Schaeffler seit einigen Jahren so stark in der DTM?

Vor allem auch als Motivation für unsere Mitarbeiterinnen und Mitarbeiter. Es gibt sicher viele, die vor zwei, drei Jahren mit Motorsport und der DTM nicht viel anfangen konnten. Motorsport emotionalisiert und verbindet insbesondere im Erfolg. Sie lernten Martin Tomczyk kennen, kamen später vielleicht auch noch in Kontakt mit Mike Rockenfeller. Und heute? Heute fiebern sie vor dem Fernseher oder an der Rennstrecke bei jedem Rennen mit und drücken die Daumen für den Schaeffler-Audi.

... der auch durch seine Farbgebung für Gesprächsstoff sorgt. Welche Strategie steckt dahinter?

Das außergewöhnliche gelb-grüne Outfit entwickelt sich mehr und mehr zum Markenzeichen für Erfolg. Mitarbeiter, begeisterte Familienväter fragen bei uns an, ob sie das gelb-grüne Schaeffler-DTM-Design für die Gestaltung ihrer Privat-Pkws nutzen dürfen.

21

Qual der *Wahl*

Ende 2013 lief der Vertrag mit Audi aus – und gleich drei andere prestigeträchtige Automobilhersteller warben um Mike Rockenfeller. Dass der schon im Mai beim DTM-Rennen in Brands Hatch seinen Vertrag mit Audi verlängerte, blieb lange ein gut gehütetes Geheimnis.

▶ *Dieter Gass ist seit Anfang 2013 Leiter DTM bei Audi Sport – und für Mike Rockenfeller ein Mann, der großen Anteil an seinem DTM-Titel hat*

A m Ende der Saison 2012 fand sich Mike Rockenfeller in einer Situation wieder, von der die meisten Rennfahrer nur träumen können: Ihm lagen Angebote von Audi, BMW, Mercedes und Porsche vor!

Andere hätten das in die Öffentlichkeit getragen und ihren Marktwert dadurch noch weiter gesteigert. Ich bin nicht der Typ dafür. Ich habe ohnehin allen fair und offen mitgeteilt, dass ich für 2013 noch einen gültigen Vertrag mit Audi habe. Es ging also immer um 2014 und die Zeit danach.

Nach der Saison 2012 war „Rocky" durchaus empfänglich für andere Offerten. Durch den Zwischenfall mit Edoardo Mortara in Zandvoort und den seiner Meinung nach geklauten Sieg hatte er nicht mehr das Gefühl, bei Audi noch den vollen Support zu genießen. Der erste Anruf kam aus München und das Angebot war interessant. Kurz darauf klopfte Zuffenhausen an, was „Rocky" noch mehr interessierte – denn da ging es um Le Mans und die WEC bei seinem ehemaligen Arbeitgeber.

Porsche ist ein wichtiger Teil meiner Karriere. Und Porsche ist auch eine besondere Marke. Was Ferrari in der Formel 1 ist, ist Porsche irgendwie in Le Mans – auch wenn Audi auf dem besten Weg ist, das zu toppen. Mit Porsche in Le Mans um den Gesamtsieg zu kämpfen, dieser Traum war bei mir trotzdem noch präsent. Deshalb haben wir uns in Weissach zum Abendessen getroffen und über Fakten gesprochen.

Während Mike Rockenfeller in Vallelunga ein neues Hybridsystem für den Audi R18 e-tron quattro testete, kam dann auch noch ein Anruf aus Untertürkheim – damit hatte er vier Optionen.

„Rocky" informierte Audi-Motorsportchef Dr. Wolfgang Ullrich und dessen damaligen Chef Wolfgang Dürheimer über die Situation und die beiden setzten alles daran, „Rocky" bei Audi zu halten. Und schon im Mai 2013, beim DTM-Rennen in Brands Hatch, unterzeichnete Mike Rockenfeller einen neuen, langfristigen Audi-Vertrag. Öffentlich bekannt wurde das erst am Saisonende.

Wie schon 2006 konnte nur Audi „Rocky" die Perspektive bieten, beides zu fahren: Le Mans und die DTM. //

◀ *Die Le-Mans-Prototypen locken „Rocky" noch immer – Comeback nicht ausgeschlossen*

◀ *Verstehen sich gut: Rockenfeller und Audi-Entwicklungschef Prof. Dr. Ulrich Hackenberg*

Statistik

2001

Formel König
28.04.	Oschersleben	4.
13.05.	Lausitzring	2.
10.06.	Salzburgring	13.
22.07.	Nürburgring	20.
06.08.	Lausitzring	A
16.09.	Hockenheim	3.
30.09.	Nürburgring	4.
14.10.	Hockenheim	1.
	Endstand	4.

2002

Porsche Carrera Cup
21.04.	Hockenheim	11.
05.05.	Zolder	6.
02.06.	Sachsenring	A
30.06.	Norisring	11.
14.07.	Lausitzring	14.
04.08.	Nürburgring	15.
01.09.	Spa-Francorchamps	14.
08.09.	A1-Ring	6.
06.10.	Hockenheim	7.
	Endstand	10.

Porsche Supercup
14.04.	Imola	10.
23.06.	Nürburgring	12.
28.07.	Hockenheim	A
18.08.	Hungaroring	8.

2003

Porsche Carrera Cup
26.04.	Hockenheim	6.
11.05.	Adria	4.
25.05.	Nürburgring	2.
08.06.	Lausitzring	6.
22.06.	Norisring	4.
17.08.	Nürburgring	2.
07.09.	A1-Ring	1.
21.09.	Zandvoort	5.
05.10.	Hockenheim	6.
	Endstand	2.

Porsche Supercup
01.06.	Monaco	A
29.06.	Nürburgring	1.
20.07.	Silverstone	2.
03.08.	Hockenheim	5.
14.09.	Monza	A

2004

Porsche Carrera Cup
18.04.	Hockenheim	1.
16.05.	Adria	3.
06.06.	Lausitzring	2.
27.06.	Norisring	1.
01.08.	Nürburgring	1.
08.08.	Oschersleben	1.
05.09.	Zandvoort	3.
19.09.	Brünn	1.
03.10.	Hockenheim	3.
	Endstand	1.

Porsche Supercup
23.05.	Monaco	1.
30.05.	Nürburgring	2.
11.07.	Silverstone	2.
25.07.	Hockenheim	1.
15.08.	Hungaroring	3.
12.09.	Monza	8.

Diverse Rennen
01.02.	24h Daytona	3. (2.)
20.03.	12h Sebring	13. (5.)
01.05.	VLN Nürburgring	3.
13.06.	24h Le Mans	A
03.07.	ELMS Nürburgring	A
25.09.	Petit Le Mans	15. (7.)

2005

FIA GT Championship
10.04.	Monza	7. (1.)
01.05.	Magny-Cours	10. (2.)
15.05.	Silverstone	9. (1.)
29.05.	Imola	8. (2.)
26.06.	Brünn	9. (1.)
31.08.	24h Spa	7. (1.)
28.08.	Oschersleben	10. (2.)
18.09.	Istanbul	8. (2.)
23.10.	Zhuhai	7. (1.)
18.11.	Dubai	A
25.11.	Bahrain	10. (1.)
	Endstand	1. (GT2)

American Le Mans Series
18.03.	12h Sebring	22. (8.)
22.05.	Mid-Ohio	15. (5.)
04.07.	Lime Rock	19. (9.)
17.07.	Sonoma	14. (3.)
21.08.	Road America	13. (4.)
04.09.	Mosport	15. (3.)
01.10.	Petit Le Mans	18. (5.)
16.10.	Laguna Seca	16. (3.)
	Endstand	10. (GT2)

Diverse Rennen
06.02.	24h Daytona	A
23.04.	VLN Nürburgring	1.
25.05.	24h Nürburgring	A
11.06.	VLN Nürburgring	1.
19.06.	24h Le Mans	10. (1.)
10.07.	LMES Monza	A
13.08.	LMES Silverstone	16. (2.)

2006

American Le Mans Series
18.03.	Sebring	15. (6.)
12.05.	Houston	7. (1.)
21.05.	Mid-Ohio	A
01.07.	Lime Rock	18. (9.)
15.07.	Salt Lake City	15. (4.)
22.07.	Portland	19. (7.)
20.08.	Road America	14. (3.)
03.09.	Mosport	18. (8.)
30.09.	Petit Le Mans	6. (2.)
21.10.	Laguna Seca	16. (3.)
	Endstand	8. (GT2)

GRAND-AM
29.01.	24h Daytona	3.
25.03.	Homestead	1.
08.04.	Long Beach	2.
23.04.	Virginia	1.
07.05.	Laguna Seca	38.
13.05.	Phoenix	29.
03.06.	Watkins Glen	15.
24.06.	Mid-Ohio	34.
29.06.	Daytona	2.
30.07.	Barber Motorsport Park	3.
11.08.	Watkins Glen	3.
26.08.	Sonoma	20.
02.09.	Salt Lake City	10.
	Endstand	5.

Diverse Rennen
16.06.	24h Nürburgring	1.
18.11.	FIA GT Dubai	14. (6.)

2007

DTM
22.04.	Hockenheim	12.
06.05.	Oschersleben	3.
20.05.	Lausitzring	13.
10.06.	Brands Hatch	A
24.06.	Norisring	13.
15.07.	Mugello	6.
29.07.	Zandvoort	10.
02.09.	Nürburgring	17.
23.09.	Barcelona	7.
14.10.	Hockenheim	A
	Endstand	12.

Diverse Rennen
17.06.	24h Le Mans	A
15.09.	GRAND-AM Salt Lake City	5.
20.10.	ALMS Laguna Seca	3.

2008

DTM
13.04.	Hockenheim	10.
20.04.	Oschersleben	7.
04.05.	Mugello	14.
18.05.	Lausitzring	9.
29.06.	Norisring	13.
13.07.	Zandvoort	10.
27.07.	Nürburgring	15.
31.08.	Brands Hatch	13.
21.09.	Barcelona	5.
05.10.	Le Mans	9.
26.10.	Hockenheim	9.
	Endstand	11.

Le Mans Series
06.04.	Barcelona	2.
27.04.	Monza	2.
11.05.	Spa	2.
17.08.	Nürburgring	3.
14.09.	Silverstone	4.
	Endstand	1.

Diverse Rennen
27.01.	24h Daytona	55.
15.03.	12h Sebring	6.
15.06.	24h Le Mans	4.

2009

DTM
17.05.	Hockenheim	A
31.05.	Lausitzring	7.
28.06.	Norisring	9.
19.07.	Zandvoort	12.
02.08.	Oschersleben	13.
16.08.	Nürburgring	10.
06.09.	Brands Hatch	7.
20.09.	Barcelona	12.
11.10.	Dijon	13.
25.10.	Hockenheim	9.
	Endstand	14.

Diverse Rennen
21.03.	12h Sebring	3.
02.05.	VLN Nürburgring	2. (1.)
23.05.	24h Nürburgring	5. (4.)
14.06.	24h Le Mans	A

2010

DTM
25.04.	Hockenheim	5.
23.05.	Valencia	6.
06.06.	Lausitzring	4.
12.06.	Norisring	12.
08.10.	Nürburgring	9.
22.08.	Zandvoort	13.
05.09.	Brands Hatch	9.
19.09.	Oschersleben	5.
17.10.	Hockenheim	3.
31.10.	Adria	16.
29.11.	Shanghai	12.
	Endstand	7.

Diverse Rennen
31.01.	24h Daytona	1.
10.04.	VLN Nürburgring	2.
09.05.	LMS Spa-Francorchamps	5.
15.05.	24h Nürburgring	A
13.06.	24h Le Mans	1.
01.08.	24h Spa	A
18.10.	Petit Le Mans	18.

2011

DTM
01.05.	Hockenheim	11.
15.05.	Zandvoort	1.
05.06.	Spielberg	5.
03.07.	Norisring	14.
07.08.	Nürburgring	3.
04.09.	Brands Hatch	6.
18.09.	Oschersleben	6.
02.10.	Valencia	9.
23.10.	Hockenheim	4.
	Endstand	6.

Diverse Rennen
19.03.	12h Sebring	5.
07.05.	ILMC Spa-Francorchamps	4.
28.05.	VLN Nürburgring	3. (1.)
12.06.	24h Le Mans	A
31.07.	24h Spa	14. (8.)

2012

DTM
29.04.	Hockenheim	5.
06.05.	Lausitzring	13.
20.05.	Brands Hatch	3.
03.06.	Spielberg	7.
01.07.	Norisring	6.
19.08.	Nürburgring	5.
26.08.	Zandvoort	2.
16.09.	Oschersleben	6.
30.09.	Valencia	5.
21.10.	Hockenheim	A
	Endstand	4.

Diverse Rennen
29.01.	24h Daytona	26. (15.)
17.06.	24h Le Mans	3.

2013

DTM
05.05.	Hockenheim	8.
19.05.	Brands Hatch	1.
02.06.	Spielberg	4.
16.06.	Lausitzring	2.
14.07.	Norisring	5.
04.08.	Moskau	1.
18.08.	Nürburgring	4.
15.09.	Oschersleben	2.
29.09.	Zandvoort	2.
20.10.	Hockenheim	16.
	Endstand	1.

Diverse Rennen
27.01.	24h Daytona	4.
25.05.	24h Nürburgring	5.

ds Hatch
19.05.2013
Rockenfeller
M. Rockenfeller
kfzteile
200

IN OD 403
SCHAEFFLER
Hankook
Audi Sport
TDI
ROC
Рокенфеллер
line
quattro GmbH
19
Weltpremiere
Audi RS5 DTM
SCHAEFFLER

Impressum

Verlag
Adrenalin Verlag GmbH
Shanghaiallee 9
D-20457 Hamburg
Telefon +49 40 767937-88
info@adrenalin-verlag.com
www.adrenalin-verlag.com

Verlagsmanager
Helge E. Jost
Telefon +49 40 767937-87
helge.jost@adrenalin-verlag.com

Vertrieb
Christof Rosenfeld
Telefon +49 40 767937-89
vertrieb@adrenalin-verlag.com

Redaktion, Produktion
Speedpool, Hamburg
www.speedpool.com

Autor
Thomas Voigt

Schlussredaktion
David Feist, Christoph Kirchner

Grafik
Oliver Breilmann, Tilmann Fabel, Hella Fassauer, Jana Herbst, Manuela Mrohs, Thomas Wildelau

Druckvorstufe
Julien Gradtke, Anke von Lübken, Kathrin Voß

Koordination
Carina Chowanek, Benjamin Hoffmann

Fotos
AUDI AG, Friedemann Bock, Rick Dole, Bildagentur Kräling, Hoch Zwei, Burkhard Kasan, Ulli Upietz, Porsche, Privat

Druck
Blattwerk Hannover

ISBN
978-3-943861-24-2

© 2014 Adrenalin Verlag

Ein ganz besonderer Dank gilt Mike Rockenfeller, Susanne Schaller, Anne und Helmut Rockenfeller, Jürgen Pippig, Jens Torner, Jörg Walz und Felix Kinzer sowie Tanja und Johanna Voigt.